VALÉRIE CUPILLARD

Mehl mal anders

30 ALTERNATIVEN ZU WEIZENMEHL VON DER ERDMANDEL BIS ZUR SÜSSKARTOFFEL

Fotos und Foodstyling: Joelle Kanaan

Leopold Stocker Verlag
Graz – Stuttgart

Umschlaggestaltung: Werbeagentur Rypka GmbH, A-8143 Dobl, www.rypka.at

Titel der französischen Originalausgabe: Farines alternatives. 30 farines pour changer de la farine de blé.

Autorin: Valérie Cupillard

Alle Fotos stammen von Joelle Kanaan.

Aus dem Französischen ins Deutsche übertragen von Barbara Hinterplattner BA. BA. MA.

Der Inhalt dieses Buches wurde von der Autorin und vom Verlag nach bestem Wissen überprüft; eine Garantie kann jedoch nicht übernommen werden. Die juristische Haftung ist daher ausgeschlossen.

Bibliografische Information der Deutschen Nationalbibliothek
Die Deutsche Nationalbibliothek verzeichnet diese Publikation in der Deutschen Nationalbibliografie; detaillierte bibliografische Daten sind im Internet unter http://dnb.d-nb.de abrufbar.

Hinweis: Dieses Buch wurde auf chlorfrei gebleichtem Papier gedruckt. Die zum Schutz vor Verschmutzung verwendete Einschweißfolie ist aus Polyethylen chlor- und schwefelfrei hergestellt. Diese umweltfreundliche Folie verhält sich grundwasserneutral, ist voll recyclingfähig und verbrennt in Müllverbrennungsanlagen völlig ungiftig.

Auf Wunsch senden wir Ihnen gerne kostenlos unser Verlagsverzeichnis zu:
Leopold Stocker Verlag GmbH
Hofgasse 5/Postfach 438
A-8011 Graz
Tel.: +43 (0)316/82 16 36
Fax: +43 (0)316/83 56 12
E-Mail: stocker-verlag@stocker-verlag.com
www.stocker-verlag.com

ISBN 978-3-7020-2054-5

Inhalt

Alternative Bio-Mehle in der Küche

Entdecken Sie 30 verschiedene Mehl-Alternativen, die Sie ganz nach persönlichem Geschmack und Vorlieben oder nach den darin enthaltenen Nährstoffen ausprobieren können. In diesem Buch erwarten Sie 34 Rezepte.

Hier folgen nun ein paar Ratschläge, um jeden Geschmack zu treffen und um sich an neue Geschmacksrichtungen zu gewöhnen. Wenn Sie bisher ausschließlich Weizenmehl verwendet haben, dann fangen Sie am besten damit an, Weizenmehl mit anderen – weniger gängigen, aber schmackhafteren – Mehlsorten zu kombinieren, z. B. mit Quinoa-, Kastanien- oder Kichererbsenmehl … Wenn Sie Brot und Nudeln gerne mit Sauerteig machen, dann machen Sie sich nach und nach mit Dinkelmehl, Kamut- oder Einkornmehl vertraut. Wenn Sie sich für glutenfreie Mehle entscheiden, nehmen Sie am besten Vollkornreismehl als Basis und kombinieren Sie dieses mit Buchweizen-, Sorghum- oder Walnussmehl.

DIE RICHTIGE WAHL TREFFEN

Abwechslung ist gut, da bestimmte Mehle reichhaltiger sind als andere. So enthalten zum Beispiel Quinoa und Hanf jene acht Aminosäuren, die für Erwachsene essentiell sind: Leucin, Isoleucin, Valin, Phenylalanin, Threonin, Methionin, Lysin und Triptophan. Buchweizen und Getreide (Weizen, Mais, Reis, Gerste, Hafer, Roggen, Sorgho …) enthalten wenig Lysin, während Amarant und Hülsenfrüchte (Linsen, Soja, Kichererbsen …) wiederum arm an Methionin sind. Eine gewisse Abwechslung zwischen den einzelnen Mehlen ist also der beste Weg, alles abzudecken und so eine ausgewogene Nährstoffzufuhr sicherzustellen.

Einige Mehle sind glutenfrei. Komplett auf diese umzusteigen, etwa auch beim Brotbacken, ist nicht sinnvoll, sie jedoch bewusst dort einzusetzen, wo sie sich eignen, ist umso mehr geboten! Glutenhaltige Mehle eignen sich für Brotteig, Hefeteig (z. B. für Brioche) oder Blätterteig, während sich glutenfreie Mehle dazu eignen, leichtere Varianten von Soßen, Cremes, Kuchen, Crumble, Clafoutis, Crêpes etc. zuzubereiten. Wenn Sie zu entzündlichen Erkrankungen neigen oder an Candidose leiden, sollten Sie zweifelsfrei bevorzugt jene Mehle verwenden, die keine Lektine enthalten (Aminosäuren, die in der Pflanze eine schützende Funktion haben). Dazu zählen etwa Süßkartoffel-, Maniok-, Erdmandel-, Kokos- oder Kastanienmehl. Lektine sind Proteine, die sich an Zellen binden und deren normale Funktion stören. Sie kommen beispielsweise in Mais und Soja vor.

DIE RICHTIGE LAGERUNG DER MEHLE

Im Allgemeinen sind Mehle kühl, trocken und vor Feuchtigkeit und Wärme geschützt zu lagern, um einen Befall durch Schimmel oder Lebensmittelmotten zu verhindern! Wenn Sie keinen Lagerungsort haben, der ausreichend kühl ist, können Sie Mehle, die reich an Fettsäuren sind, wie z. B. Hanf- oder Walnussmehl, in einem luftdichten Behälter im Kühlschrank lagern. Dasselbe gilt für Mehle, die verderblich sind und schnell ranzig werden, wie zum Beispiel Kastanien-, Kokos- oder Hirsemehl. Diese müssen rasch verbraucht werden. Kaufen Sie kleine Mengen und verbrauchen Sie angebrochene Packungen, bevor Sie neue öffnen!

BACKPULVER FÜR GLUTENFREIE MEHLE

Damit Rezepte mit glutenfreien Mehlen gelingen, gilt es, ein passendes Backpulver zu wählen. Die Rezepte in diesem Buch sind so vorgesehen, dass gluten- und phosphatfreies Bio-Backpulver verwendet wird, welches im Bio-Handel erhältlich ist. Dieses besteht aus Mais- oder Kartoffelstärke und Natriumhydrogenkarbonat oder natürlicher Weinsäure, welche bei der Weinherstellung entsteht.

Mehle aus Getreide

DINKELMEHL

Dinkel *(Triticum spelta)*, auch „Großdinkel" genannt, ist eine Getreideart, die bis Anfang dieses Jahrhunderts verbreitet konsumiert wurde. Diese uralte Weizensorte hat widerstandsfähige Samen, geriet jedoch im Zuge der industriellen Getreideproduktion in Vergessenheit. Großdinkel kam bereits in den heilkundlichen Lehren der Hildegard von Bingen vor. Angesichts des jüngsten Hypes um den Großdinkel hat man ihn mit Weizen gekreuzt, um bei seinem Anbau im großen Stil bessere Erträge zu erzielen. Wenn Sie die Ursorte haben möchten, welche den Ruf hat, weniger allergieauslösend zu sein, greifen Sie am besten auf ein Mehl aus nicht gekreuztem „Urdinkel" zurück. Dinkelmehl ist nährstoffreicher als Weizenmehl, und es ist von Vorteil, Weizenmehl durch dieses zu ersetzen. Es kann auf dieselbe Art und Weise in der Zubereitung eingesetzt werden wie Weizenmehl. Dinkelmehl gibt es als Vollkorn- oder als braunes Mehl.

Eiweißgehalt: 11 g pro 100 g

EINKORNMEHL

Einkorn (Triticum monococcum), auch „Kleiner Spelz" oder „Kleindinkel" genannt, gehört zu den ältesten vom Menschen angebauten Getreidesorten. Seit einigen Jahren feiert der Kleine Spelz sein Comeback, was Bio-Anbautätigkeiten in den Alpen und im Zentralmassiv zu verdanken ist. Einkorn ist ein widerstandsfähiges Getreide, welches selbst auf den kärgsten Böden wächst. Dennoch erfordert sein Anbau mehr Arbeit als der Anbau von Weizen, denn die äußere Hülle haftet fest am Korn. Diese muss entfernt werden, damit das Getreide essbar wird. Während Weizen und Dinkel mehr als 10 % Gluten enthalten, ist dieser Anteil beim Einkorn niedriger und beträgt etwa 6 %, was ihn leichter verdaulich macht. Wer empfindlich auf Brot und Gebäck aus Weizenmehl reagiert, sollte unbedingt Einkornmehl ausprobieren! Diese Getreidesorte wird als weniger allergieauslösend eingeschätzt als der Weizen. Da Einkorn weniger Gluten enthält, geht Gebäck aus Einkornmehl ein wenig schlechter auf, es sei denn, Sie verwenden frisch gemahlenes Mehl, welches noch eine gewisse „Triebkraft" hat. Tarte- oder Kuchenteigen verleiht dieses Mehl mehr Geschmack als Weizenmehl.

Eiweißgehalt: 12 g pro 100 g

MEHL AUS KHORASAN-WEIZEN (KAMUT)

Wenn Sie Ihr Brot gerne selbst backen, dann probieren Sie Kamutmehl aus, denn damit gelingt ein köstliches Brot mit einer schön gefärbten Krume. Uraltes Saatgut, welches vor nicht allzu langer Zeit wiederentdeckt wurde, hat die Herstellung dieses Getreides ermöglicht, welches noch nie gekreuzt wurde. Es scheint so zu sein, dass Khorasan-Weizen ein über Jahrtausende unverändertes Erbgut besitzt. Dieses Getreide, welches unter dem Namen „Kamut" verkauft wird, wurde zuerst in Kanada und in Montana wiedereingeführt, bevor man es auf den internationalen Markt brachte. In Frankreich wird Khorasan-Weizen im Departement Alpes-de-Haute-Provence in Bio-Betrieben angebaut. Er ist reicher an Eiweiß als Weizen, und man stellt fest, dass er auch bekömmlicher ist, da er vom Organismus besser aufgenommen wird.

Eiweißgehalt: 16 g pro 100 g

HAFERMEHL

Mehl aus Hafer ist weniger bekannt als Haferflocken. Dennoch werden in vielen Rezepten Haferflocken in gemahlener Form verwendet, um Cookies, Tarteteig oder Crumble zu verfeinern. Bis zu 30 % des Mehls einer klassischen Joghurttorte oder eines Crêpesteigs können Sie durch Hafermehl ersetzen, als Ergänzung zu Mehl aus Weizen oder Dinkel. Da Hafer Lipide enthält (6,9 g pro 100 g rohem Hafer; Weizen enthält im Vergleich nur 1,27 g pro 100 g), kann Hafermehl ranzig werden. Aus diesem Grund werden Sie bei einigen Bio-Marken eher ein vorgekochtes Mehl (d. h., die Haferkörner werden vor dem Mahlen gekocht) finden.

Eiweißgehalt: 14 g pro 100 g

GRAUPENMEHL

Mehl aus geschälter Gerste oder Graupen (die Gerste wird geschält, da die Schale nicht essbar ist) schmeckt mild, geht nur wenig auf und sollte zumindest zur Hälfte mit einem anderen Mehl

gemischt werden. Graupenmehl hat von allen Getreidesorten den niedrigsten glykämischen Index (GI): Er liegt bei 30, während jener von Weizenvollkornmehl (frz. T110, entspricht D: Type 1200) bei 65 und jener von steingemahlenem Weizenvollkornmehl (frz. T150, entspricht D: Type 1600), Dinkel- und Kamutmehl bei 45 liegt. Der glykämische Index von Roggen-, Buchweizen-, Einkorn- und Quinoamehl liegt bei 40. Graupenmehl enthält Schleimstoffe.
Eiweißgehalt: 9 g pro 100 g

ROGGENMEHL

Roggenmehl verleiht Brotteig einen guten Geschmack, macht jedoch die Krume dicht, weswegen es häufig mit Weizenmehl vermischt wird. Letzteres lässt den Teig besser aufgehen. Traditionellerweise wird Roggenmehl für Lebkuchen verwendet, es kann aber ebenso für Gebäck, Tarte- oder Kuchenteig verwendet werden, in einem Verhältnis von 30–50 % in Kombination mit Weizen- oder Großdinkelmehl. Da Roggen Fructane enthält, wird Roggenmehl Personen, die sich FODMAP-frei (d. h. ohne vergärbare Mehrfach-, Zweifach- und Einfachzucker sowie mehrwertige Alkohole) ernähren, nicht empfohlen.
Eiweißgehalt: 10 g pro 100 g

Mehle aus glutenfreiem Getreide und Pseudogetreide

MEHL AUS GELBEM ODER LILA MAIS

Dieses ist nicht zu verwechseln mit Maisstärke, welche als Bindemittel verwendet wird. Mehl aus gelbem Mais wird oft in glutenfreien Produkten im Handel verwendet. Es schmeckt leicht süßlich und verleiht Gebäck eine leicht bröckelige Struktur! Sie können dieses Mehl als alleiniges Mehl für Kuchenteig verwenden, sofern dieser Eier und Backpulver enthält. Wie auch für Vollkornreismehl rate ich hier dazu, das Mehl mit Mandelmehl zu vermischen, damit der Teig lockerer wird. Lila Mais wurde nicht verändert; er ist eine der uralten Sorten, die noch heute traditionellerweise in Lateinamerika in Tortilla- und Brotrezepten verwendet werden. Die Farbpigmente des Mehls aus lila Mais verleihen dem Teig eine ungewöhnliche Farbe und können als natürlicher Farbstoff genutzt werden. Um seinen Anthocyangehalt maximal auszunutzen, kann das Mehl Smoothies oder auch Suppen am Ende des Kochvorganges beigefügt werden, jedoch kommt seine Süße am allerbesten in Cremes zur Geltung.
Eiweißgehalt: 6 g pro 100 g (gelber Mais)
Eiweißgehalt: 8 g pro 100 g (lila Mais)

MEHL AUS GELBER ODER BRAUNER HIRSE

Unter der Sammelbezeichnung „Hirse" finden sich zahlreiche Sorten mit ganz unterschiedlichen Nährstoffprofilen. Die gelbe Hirse wird vor dem Mahlvorgang geschält. Das Mehl kann ranzig werden, daher muss es nach dem Öffnen rasch verbraucht sowie im Kühlschrank aufbewahrt werden. Nicht jeder mag Mehl aus gelber Hirse, da es eine gewisse Bitterkeit aufweist. Dieses Mehl zu kombinieren ist nicht einfach, deswegen ist es besser, es nur als Ergänzung zu einem anderen Mehl (maximal 20–30 %) für Brot oder Gebäck zu verwenden. Frisch gemahlen schmeckt es weniger bitter und sein Biskuitgeschmack kommt zur Geltung. Bei der wilden Braunhirse werden die kleinen Körner ungeschält gemahlen (anders als bei der gelben Hirse ist die Schale der Braunhirse bekömmlich). Das ergibt ein Mehl, das reich an Mineralien, B-Vitaminen und Kieselsäure ist. Daher wird es als Superfood bezeichnet und als funktionelles Lebensmittel bei Arthrose empfohlen. Es wird roh gegessen (was eine Ausnahme unter den Getreidearten darstellt) und zwar in kleinen Mengen: ein Teelöffel in einem Smoothie oder einem pflanzlichen Joghurt.
Eiweißgehalt: 10 g pro 100 g (gelbe Hirse)
Eiweißgehalt: 12 g pro 100 g (wilde Braunhirse)

QUINOAMEHL

Dieses Mehl verleiht Ihrem Gericht den typischen Geschmack von Quinoa. Quinoamehl kann für Soßen verwendet werden (Béchamel) oder in Rezepten, für die grundsätzlich wenig Mehl notwendig ist, z. B. für einen Teig für Galettes, der Eier enthält. Wenn Sie den relativ starken Geschmack abschwächen wollen, fügen Sie

nur eine kleine Menge davon hinzu (20–30 %) und vermischen Sie es mit einem anderen, neutralen Mehl (Reis- oder Weizenmehl) – z. B. in einem Teig für Crêpes oder Kuchen. Quinoamehl kann jedoch auch allein verwendet werden, wenn es mit anderen Zutaten kombiniert wird, die prägnanten Geschmack haben (Schokolade, Gewürze …). Damit der Teig geht, muss das Rezept Eier und Backpulver enthalten.
Eiweißgehalt: 13 g pro 100 g

MEHL AUS VOLLKORNREIS ODER HALBVOLLKORNREIS

Mehl aus Vollkornreis oder Halbvollkornreis ist leicht und hat einen neutralen Geschmack. Somit ersetzt es ganz einfach das Weizenmehl in zahlreichen Rezepten, mit Ausnahme jener, bei denen der Teig geknetet und gefaltet werden muss (Blätterteig) oder mit Sauerteig aufgehen muss (Brotteig, Briocheteig …). Dieses Mehl kann allein für den Teig von Crêpes verwendet werden, es eignet sich aber auch gut, um Soßen oder Suppen anzudicken oder Cremes zuzubereiten. Da dieses Mehl sehr bekömmlich ist, vertragen es auch kleine Kinder. Damit ein damit gebackener Clafoutis zart und schmackhaft wird, ist es notwendig, Mandelmehl beizugeben. Bei allen herzhaften Kuchen darf glutenfreies Backpulver nicht vergessen werden, damit der Teig flaumig genug wird! Dieses Mehl ist nicht zu verwechseln mit jenem aus weißem Reis oder aus Klebreis, welche beide sehr klebrig sind. Verwenden Sie auch nicht die Reiscreme „crème de riz", welche im Beutel zu kaufen ist; dabei handelt es sich um vorgekochtes Mehl.
Eiweißgehalt: 9 g pro 100 g

BUCHWEIZENMEHL

Er wird manchmal auch Schwarzweizen genannt, ist allerdings kein Mitglied der Familie der Süßgräser (Weizen, Hafer, Mais, Roggen, Zuckerrohr, Reis …), sondern gehört zu den Knöterichgewächsen (Sauerampfer, Rhabarber …). Im Unterschied zu Weizen enthält Buchweizen kein Gluten. Buchweizenmehl ist bekannt für seine Verwendung in bretonischen Galettes oder russischen Blinis. Es verleiht Gerichten einen rustikal anmutenden und pikanten Geschmack, besonders in Kombination mit herbstlichen Gewürzen. Es eignet sich weniger für Clafoutis und Dessertcremes, jedoch sehr gut für Tartes oder salzige Crumbles. Für glutenfreie Kuchen kann man dieses Mehl allein verwenden oder gestreckt mit einem leichteren, geschmacksneutralen Mehl, wie zum Beispiel Mehl aus Vollkornreis, sofern man Backpulver verwendet.
Eiweißgehalt: 11 g pro 100 g

SORGHO BZW. SORGHUMMEHL

Sorgho (Sorghumhirse) ist ein uraltes Getreide. Zahlreiche unterschiedliche Sorten davon werden auf der Welt angebaut. Das Getreide ist ein zentraler Bestandteil der Ernährung in asiatischen und afrikanischen Ländern. In mehreren Regionen Frankreichs wird Sorgho bereits in Bio-Felderwirtschaft angebaut. Sorgho gilt als „umweltfreundliches" Getreide. Was Widerstandsfähigkeit gegenüber Trockenheit und Robustheit betrifft, muss es noch weiterentwickelt werden. Sorghummehl wird momentan noch nicht sehr häufig in der Küche eingesetzt, obwohl es sanfter im Geschmack ist als das ihm in der Verwendung ähnliche Buchweizenmehl. Sorghummehl passt sehr gut zu Schokolade, Johannisbrot, Haselnuss … Man kann daraus auch Frühstückscreme, Porridge oder Brei machen, wenn man es mit Mandeldrink aufkocht. Dieses Mehl darf nicht roh verzehrt werden.
Eiweißgehalt: 12 g pro 100 g

TEFFMEHL

Teff (Zwerghirse) ist eine kleine Getreidepflanze, die ursprünglich aus Afrika stammt und später in jenen europäischen Ländern, in denen mildes Klima herrscht, angebaut wurde. Dieses Getreide wird in Bio-Betrieben in Spanien angebaut. Sein Mehl zählt zu jenen neuen Mehlen, die die Palette der glutenfreien Mehle erweitern. Es hat einen rustikal anmutenden Geschmack, der ein wenig dem von Buchweizen ähnelt, daher eignet es sich eher zur Mischung mit Reismehl, welches neutral im Geschmack ist. Dieses Mehl hat die besondere Eigenschaft, dass es den Teig etwas elastischer macht, was für ein glutenfreies Mehl selten ist. Es macht die Verarbeitung eines glutenfreien Tarteteiges ein-

facher und verleiht Broten ohne Gluten eine weichere Krume. Sein Geschmack passt besser zu herzhaften Gerichten: Galettes, Pancakes, Muffins und Kuchen mit Gemüse. Es enthält die acht essentiellen Aminosäuren, kann also jene Rezepte nährstoffreicher machen, die mit weniger reichhaltigen Mehlen zubereitet werden.
Eiweißgehalt: 13 g pro 100 g

AMARANTMEHL

Genauso wie Quinoa ist auch Amarant ein sehr nährstoffreiches Pseudogetreide. Obwohl es noch nicht einfach zu bekommen ist, ist dieses Mehl insbesondere geeignet für Menschen, die sich vegetarisch, vegan oder glutenfrei ernähren und ihre Rezepte nährstoffreicher gestalten wollen. Darüber hinaus genügt es, es zu einem Anteil von 30 % anderen Mehlen zuzusetzen, um Teig für Kuchen, Pancakes, Muffins und salzige Kuchen noch lockerer zu machen.
Eiweißgehalt: 16 g pro 100 g

FONIOMEHL

Foniohirse zählt zu den ältesten afrikanischen Süßgräsern. In den Niederlanden, in Italien oder in Spanien wird dieses Getreide bereits in Bio-Felderwirtschaft angebaut und seit kurzem als Mehl in Europa verkauft. Es hat einen stark holzigen Geschmack, daher eignet es sich für Crêpes oder salzige Kuchen besser in Kombination mit einem geschmacksneutraleren Mehl.
Eiweißgehalt: 7 g pro 100 g

Mehle aus Hülsenfrüchten

MEHL AUS GRÜNEN LINSEN ODER KORALLENLINSEN

Hülsenfrüchte, die zu Mehl vermahlen werden, haben ebenfalls ihren Platz in der Küche: Sie verfeinern Kuchen und salziges Gebäck und geben ihnen Geschmack, und sie eignen sich hervorragend für die Zubereitung von Galettes und lockeren Crêpes. Mit Linsenmehl lässt sich Béchamel zubereiten, eine „weiße" aromatische Soße, die verwendet wird, um Gemüse zu übergießen oder Suppen anzudicken.
Eiweißgehalt: 24 g pro 100 g

KICHERERBSENMEHL

Dieses Mehl ist besonders wohlschmeckend und passt gut zu Gewürzen wie Kreuzkümmel, Echtem Kümmel, Bockshornklee … Man kann es als alleiniges Mehl für Crêpes- oder Beignetteig verwenden, wenn man einen Geschmack erzeugen möchte, der an die indische Küche erinnert. Dieses Mehl verleiht Tarte- und Gebäckteigen eine mürbe Textur. Sein Geschmack trägt entscheidend zum Erfolg veganer Gratins bei. Gemischt mit Seidentofu kann es als Ersatz für Eier dienen.
Eiweißgehalt: 22 g pro 100 g

SOJAMEHL

Der Biskuitgeschmack des gelbfarbenen Sojamehls rührt daher, dass die Sojabohnen vor dem Mahlen geröstet werden. Bestimmte Bio-Marken verkaufen Mehl aus gedampftem Soja. Dieses Mehl ist sehr schwer und sollte mit einem leichteren Mehl gestreckt werden. Wenn Sie Brotteig mit Sojamehl verfeinern möchten, dann fügen Sie ihm nicht mehr als 20 % Sojamehl hinzu, damit er gut geht.
Eiweißgehalt: 35 g pro 100 g

LUPINENMEHL

Die Lupine ist eine Eiweißpflanze, das heißt, eine besonders eiweißreiche Vertreterin der Hülsenfrüchte. Ihr Mehl ist etwas bitter. Da es intensiv gelb sowie leicht emulgierend ist, kann man es einsetzen, wenn man stattdessen weniger Eier verwenden und/oder dem Teig Farbe verleihen möchte. Das Mehl ist reich an Ballaststoffen und damit sehr nahrhaft. Es sorgt für einen Sandteigeffekt, der eher für Cookies und Crumble geeignet ist. Sein glykämischer Index ist mit 15 der niedrigste unter allen Mehlen aus Hülsenfrüchten (dieser liegt für Sojamehl zum Beispiel bei 25 und für Kichererbsenmehl bei 35).
Eiweißgehalt: 40 g pro 100 g

Mehle aus Ölpflanzen, Gemüse und Obst

KASTANIENMEHL

Je nach Qualität der Kastanien kann Kastanienmehl entweder einen leichten oder aber intensiveren Geschmack haben. Handgefertigte Kastanienmehle haben meistens den feinsten Geschmack, vor allem wenn sie frisch gemahlen wurden. Kastanienmehl muss immer vorab gesiebt werden, damit lassen sich Klumpen in Cremes vermeiden und so bekommen Kuchen aus Kastanienmehl eine geschmeidigere Krume. Trotz seines intensiven Geschmacks ist das Kastanienmehl empfindlich und kann ranzig werden. Idealerweise lagert man es im Kühlschrank in einem luftdichten Behälter und verbraucht es rasch. Allein verwendet macht es Suppen cremig und trägt dazu bei, dass eine köstliche Crème Anglaise gelingt. Bei der Verwendung für Gebäck mischen Sie Kastanienmehl zur Hälfte mit Reisvollkornmehl, Weizenmehl oder Dinkelmehl, damit der Teig geht und Madelaines, Kuchen oder Muffins schön prall werden.
Eiweißgehalt: 5,6 g pro 100 g

KOKOSMEHL

Die Rückstände, die beim Auspressen des Fruchtfleisches der Kokosnuss entstehen, werden als „Presskuchen" bezeichnet. Diese werden fein zerkleinert, um ein Pulver herzustellen, das als „Mehl" bezeichnet wird. Dieses ist sehr reich an Ballaststoffen und enthält fast kein Fett mehr. In der Feinbäckerei wird es nicht wie „echtes" Mehl verwendet, sondern ersetzt bis zu 10 % eines anderen Mehls. Dieses Mehl dient dazu, eine bröckelige Textur zu erzeugen, womit sich wiederum ein Sandteigeffekt in Tarte-, Gebäck- oder Crumbleteig erzielen lässt. Dieses Mehl kann als Ergänzung verstanden werden, um ein Gericht mit Ballaststoffen anzureichern und zugleich seinen glykämischen Index zu senken. Es besitzt einen milden Geschmack und kann, sobald ihm Feuchtigkeit zugeführt worden ist, auch roh in Gerichten verzehrt werden. Die positiven Effekte dieses Mehls hängen sehr stark davon ab, wie gut die einzelnen Zubereitungsschritte durchgeführt wurden: Die Pressung sollte kalt, das Mahlen langsam und bei kontrollierter Temperatur und die Phase der Dehydratation schonend durchgeführt werden. Dadurch schwankt der Ballaststoffgehalt je nach Marke zwischen 30 und 50 g pro 100 g.
Eiweißgehalt: 20 g pro 100 g

WALNUSSMEHL

Walnussmehl wird hergestellt, indem der Presskuchen gemahlen wird, welcher bei der Ölherstellung übrig bleibt. Sein Geschmack ist konzentriert, und es verleiht Tarteteig, egal ob Mürbteig oder Sandteig, ob salzig oder süß, einen köstlichen Geschmack. Für Rezepte, die einen geschmeidigen Teig voraussetzen, muss das Walnussmehl mit Weizenmehl kombiniert werden. Für einen Kuchen, der Eier enthält und mit einem Nuss- oder Schokoladenfondant ummantelt wird, kann man dieses Mehl alleine verwenden. Roh verwendet verleiht es einem Aufstrich oder Energiebällchen Textur.
Eiweißgehalt: 34 g pro 100 g

HANFMEHL

Nach der Ölgewinnung wird der Presskuchen gemahlen und gesiebt. So wird ein Mehl gewonnen, welches man auch als „Hanfprotein" bezeichnet. Es gehört zu den Superfoods und kann im rohen Zustand in kleinen Mengen (1 TL) zu Smoothies, grünen Säften oder Rohkostsuppen hinzugefügt werden, da es die Gerichte mit seinen Ballaststoffen, Mineralien sowie A- und B-Vitaminen bereichert. Es hat einen starken Geschmack, 20–30 g in Kombination mit Weizen-, Dinkel- oder Einkornmehl genügen, um einem salzigen Kuchen, Crêpes, Galettes oder Mürbteig Charakter zu verleihen.
Eiweißgehalt: 35 bis 45 g pro 100 g

ERDMANDELMEHL

Die „Erdmandel" ist eine kleine Wurzelknolle, die zu den Ölpflanzen gehört und auch als „Chufa" oder „Tigernuss" bezeichnet wird. Diese krautige Pflanze aus der Gattung der Zypergräser bildet kleine Rhizome aus und ist seit dem Zeitalter des Alten Ägyptens für sein Öl bekannt. Sie wächst in Westafrika und in Ländern mit mildem Klima wie vor allem Spanien, wo „horchata de chufa" ein bekanntes Getränk ist, welches als Energydrink und Durstlöscher getrunken wird. Die Ernte erfordert ein gründliches Vorgehen, bei dem die kleinen, etwa haselnussgroßen Knollen gereinigt und anschließend mehrere Monate lang getrocknet werden müssen, bevor sie schließlich gemahlen werden können.

Erdmandelmehl hat eine ungewöhnliche Textur mit vielen kleinen Fasern. Auch existieren verschiedene Mahlgrade – fein und extrafein –, die dazu führen, dass das Mehl für verschiedene Rezepte verwendet werden kann: roh, um Smoothies anzudicken oder Aufstriche herzustellen oder aber für einen Tarteteig oder einen Crumble, denen es Textur verleiht. Erdmandeln schmecken ähnlich wie Kastanien oder Mandeln.

Die Erdmandel ist ein bekannter Lieferant für Kalzium, Magnesium, Vitamin E und ungesättigte Fettsäuren.

Eiweißgehalt: 4,6 g pro 100 g

SÜSSKARTOFFELMEHL

Dieses wird hergestellt, indem getrocknete Süßkartoffeln gemahlen werden. Es ist mit Stärke vergleichbar, da es allein verwendet bei Kuchenteig für eine sehr dichte Konsistenz sorgt. Das Mehl eignet sich für Rezepte, die grundsätzlich wenig Mehl vorsehen oder als Ersatz für Maisstärke in einer Creme. Süßkartoffelmehl verleiht Crêpes eine sanfte und leicht süßliche Würze, sofern für den Teig genug Eier verwendet werden (zum Binden), insbesondere wenn ein Pflanzendrink verwendet wird (rechnen Sie mit 2 Eiern auf 100 g Süßkartoffelmehl und 200 ml Pflanzendrink).

Eiweißgehalt: 5 g pro 100 g

MANIOKMEHL

Maniok ist eine Wurzel, genauer eine der Süßkartoffel ähnliche Wurzelknolle, die in Afrika, auf den Inseln im Indischen Ozean und auf den Antillen angebaut wird. Abgesehen von Mehl kann man aus Maniok die berühmte Tapiokastärke herstellen. Im Bio-Landbau und auch im Fairtrade-Handel mit bestimmten afrikanischen Ländern gibt es eine Sparte, die sich damit beschäftigt. Maniokanbau ist wenig wasserintensiv, und die langen Wurzelknollen (bis zu 1 m) werden zuerst geerntet und danach in einem aufwändigen, traditionellen Verfahren zu einem essbaren Produkt verarbeitet. Tatsächlich existieren unterschiedliche Sorten Maniok. Die rohe Knolle enthält Antinährstoffe und schädliche Substanzen, die durch einen bestimmten Arbeitsvorgang abgebaut werden (Kontakt mit Luft und Wasser). Die Wurzelknollen werden gereinigt, geschält, zerstampft und gründlich gespült, um so viel Saft (giftiges Extrakt) wie möglich aus ihnen herauszulösen. Das Fruchtfleisch wird gepresst, um so viel Feuchtigkeit wie möglich herauszubekommen, danach wird die entstandene Masse mehrfach gesiebt. Abschließend wird sie entweder über dem Feuer getrocknet, wobei sie ständig umgerührt wird, um ihr die restliche Feuchtigkeit zu entziehen, oder in einer Trockenvorrichtung. Dieses Mehl, welches reich an Stärke und daher sehr sättigend ist, wird als Verdickungsmittel verwendet oder als Panier in traditionellen Rezepten. Unter der Voraussetzung, dass genug Eier verwendet werden, kann Maniokmehl allein für Crêpes-, Kuchen- oder Cookieteige verwendet werden. Auf der Insel Mauritius wird mit einer Art von Maniokmehl Frühstücksporridge zubereitet: Dafür wird der Maniok geschält, gewaschen und dann in dünne Scheiben geschnitten, die im Ofen gegrillt werden, bevor sie zerstampft und verarbeitet werden.

Eiweißgehalt: 1,3 g pro 100 g

MANDEL- ODER HASELNUSSMEHL

Diese entölten Mehle werden aus gemahlenem und gesiebtem Presskuchen gewonnen und sorgen für eine andere Textur als Mehle, die fettreicher sind. Mandel- und Haselnussmehl können zur Hälfte mit anderen Mehlen vermischt werden, um Kuchen, Madeleines, Gebäck etc. einen sehr guten Geschmack zu verleihen. In Teigen, die Eier enthalten, etwa für Pancakes oder Crêpes, kann Haselnussmehl allein verwendet werden. In den Geschäftsregalen findet man diese Mehle selten, jedoch kann man sie, genauso wie Walnussmehl, im Direktverkauf erwerben, und zwar bei jenen Mühlen, die auch die Öle herstellen. Haselnussmehl ist eine korsische Spezialität.

Eiweißgehalt: 37 g pro 100 g (Haselnuss)
Eiweißgehalt: 50 g pro 100 g (Mandel)

MEHL AUS GRÜNEN BANANEN

Es ist ein „Sparmehl", das seit kurzem in den Bio-Regalen zu finden ist. Grüne Bananen, die deklassiert und aus dem klassischen Marktkreislauf verbannt wurden, werden zuerst getrocknet und danach zu Mehl verarbeitet. Der Fruchtgeschmack ist nicht sehr stark, und da die Bananen noch nicht reif sind, schmecken sie auch noch nicht süß. Was dieses Mehl so interessant macht, ist seine Zusammensetzung: Es enthält 38 g resistente Stärke auf 100 g, was dem Mikrobiom im Darm, der Dickdarmgesundheit und dem Blutzuckerhaushalt zugutekommt. Dieses Mehl kann also als präbiotischer Zusatz in Smoothies, Säften, pflanzlichem Joghurt etc. in einer Menge von 1 TL je Portion verwendet werden. Wenn Sie es in einem Rezept verwenden, um seinen Ballaststoffgehalt aufzuwerten, dann ergänzen Sie damit am besten ein leichtes Mehl zu 20 %. Das Mehl aus grünen Bananen macht Pancakes, Blinis, Muffins etc. flaumiger.

Eiweißgehalt: 4 g pro 100 g

HINWEIS: Sämtliche der genannten Mehle sind online erhältlich. Jedoch wird nicht jedes Reformhaus alle genannten alternativen Mehle vorrätig haben. Getreide und Pseudogetreide sowie Hülsenfrüchte können Sie frisch mahlen lassen. Hasel- und Walnussmehl, Mandel- oder Hanfmehl wird aus dem Presskuchen, der bei der Ölgewinnung übrig bleibt, hergestellt. Diese Mehle können Sie eventuell bei jenen Mühlen erhalten, die auch die Öle herstellen.

Alternative Mehle: Zusammenfassung

Mehl	Geschmacks-intensität und Besonderheiten	Wirkt als Bindemittel oder macht Teig elastisch	am besten geeignet für	glutenfrei	Rezepte
Dinkel	Geschmack ++ verleiht Gehalt und Volumen	ja +++	Sauerteigbrot, Tarteteig, Gebäck, Kuchen, Brioches	nein	Tortillas (S. 18) Rustikale Tarte (S. 21) Marillentarte (S. 62)
Einkorn	Geschmack +++ verleiht Brot eine dichte Krume	ja +++	Sauerteigbrot, Tarteteig, Kuchen, Gebäck	nein	Tarte „Tian" (S. 17) Rustikale Tarte (S. 21)
Khorasan-Weizen (Kamut)	Geschmack ++ verleiht Gehalt und Volumen	ja +++	Sauerteigbrot, Tarteteig, Kuchen, Gebäck	nein	Crêpes (S. 22)
Hafer	neutraler Geschmack wirkt verdickend	ja +	Cookies, Gebäck, Pancakes, Crêpes	ja, wenn als glutenfrei ausgewiesen	
Graupen	Geschmack + macht den Teig geschmeidig	ja +	Galettes, Sauerteigbrot	nein	
Roggen	Geschmack +++ verleiht dem Brot eine dichte Krume	nein	Sauerteigbrot, Lebkuchen, Gebäck	nein	
Gelber Mais	milder, süßer Geschmack verleiht Kuchenteig Dichte dank seiner Körnung	nein	Kuchen, salzige Kuchen, Fougasse, Muffins	ja	Sonniger Kuchen (S. 39)
Lila Mais	süßer Geschmack, der etwas an Kakao erinnert, kann roh gegessen werden	nein	Dessertcremes, Smoothies, Rohkost-Suppen	ja	Dessertcreme (S. 35) Porridge (S. 47)
Gelbe Hirse	süßlicher, leicht bitterer Geschmack	nein	Financiers (Mandelküchlein), Joghurtkuchen	ja	
Wilde Braunhirse	Geschmack ++ wird roh gegessen	nein	in Joghurts, Smoothies	ja	Frühstückscreme (S. 43)
Quinoa	Geschmack +++ verleiht Dichte	nein	salzige Kuchen, Kuchen, Gebäck, weiße Soßen	ja	Sonniger Kuchen (S. 39) Frühstückskuchen (S. 44)

Mehl	Geschmacks-intensität und Besonderheiten	Wirkt als Bindemittel oder macht Teig elastisch	am besten geeignet für	glutenfrei	Rezepte
Vollkorn- oder Halbvollkornreis	neutraler Geschmack verleiht Gehalt und Volumen, wenn es als Basis verwendet wird	nein	Soßen, Dessertcremes, Kuchen, Crêpes, Crumbles, Pancakes, salzige Kuchen	ja	Biskuittarte (S. 30) Crumble (S. 32) Creme (S. 35) Weihnachtskuchen (S. 36) Bananenkuchen (S. 40) Frühstücksuchen (S. 44) Porridge (S. 47) Zucchinitarte (S. 61)
Buchweizen	Geschmack +++ trocknet Mürbeteig aus, verleiht Kuchen ein weiches Inneres	nein	Brot, salzige Kuchen, Blinis, Crêpes, Madeleines, Muffins, Cookies, Crumbles	ja	Körnergebäck (S. 24) Kürbisgratin (S. 27) Lavaküchlein (S. 29) Biskuittarte(S. 30) Bananenkuchen (S. 40)
Sorghum	Geschmack ++ verleiht Gehalt und Geschmeidigkeit	nein	salzige Kuchen, Blinis, Muffins, Cookies, Breie	ja	Körnergebäck (S. 24) Biskuittarte (S. 30) Bananenkuchen (S. 40)
Teff	Geschmack +++ lockert auf, wirkt der Bröckeligkeit von glutenfreiem Teig entgegen	ja +	Brot, Mürbteig, Crêpes und Galettes, salziges Gebäck	ja	Körnergebäck (S. 24) Biskuittarte (S. 30)
Amarant	Geschmack ++ macht weich	ja +	Brot, Crêpes, Kuchen, Pancakes, salzige Kuchen	ja	
Fonio	Geschmack +++	nein	Galettes, salzige Kuchen	ja	
Grüne oder Korallenlinsen	Geschmack +++ wirkt verdickend	nein	Suppen, Soßen, Crêpes, Blinis, salzige Kuchen	ja	Instantpulver für eine Brennnesselcremesuppe (S. 49)
Kichererbsen	Geschmack +++ sorgt für Sandteigeffekt, außer der Teig enthält Eier	nein	Crêpesteig, Brot, Kroketten, Galettes, Mürbeteig, salzige Kuchen	ja	Flan (S. 50) Herzhafter Kuchen (S. 52)
Soja	Biskuitgeschmack verleiht Dichte	nein	Brot, trockene Kekse	ja	
Lupinen	Geschmack ++ verleiht Dichte	ja +	trockene, salzige oder süße Kekse	ja	

Mehl	Geschmacks-intensität und Besonderheiten	Wirkt als Bindemittel oder macht Teig elastisch	am besten geeignet für	glutenfrei	Rezepte
Kastanien	Geschmack +++ trocknet Tarteteig aus, macht eihaltige Kuchen weich	nein	Crêpes, Brot, Kuchen, Madeleines, Muffins, Dessertcremes, Soßen, Cremesuppen	ja	Soufflé (S. 56) Dessertcreme (S. 70)
Kokos	Geschmack + verleiht Textur, da ballaststoffreich, kann roh gegessen werden, wenn ihm Feuchtigkeit zugeführt worden ist	nein	Cookies, Gebäck, Pancakes, Crêpes Tarteteig, Porridges, Smoothies	ja	Kokoscrumble (S. 65) Riegel (S. 77)
Walnuss	Geschmack +++ macht weich, kann roh gegessen werden	nein	Kuchen, Madeleines, Mürbeteig, Energiebällchen Müsliriegel, Aufstriche	ja	Senf (S. 58) Marillentarte (S. 62) Cookies (S. 74) Honigkugeln (S. 78)
Hanf	Geschmack +++ verleiht Textur, Körnigkeit, kann roh gegessen werden, wenn ihm Feuchtigkeit zugeführt worden ist	nein	Brot, Mürbeteig, salzige Kuchen, Smoothies, grüne Säfte	ja	Terrine (S. 55)
Erdmandel	Geschmack ++ verleiht Textur, da ballaststoffreich, extrafein kann dieses Mehl roh gegessen werden	nein	Crumbles, Gebäck, Cookies, Smoothies, Aufstriche, Energiebällchen	ja	Aufstrich (S.23) Kürbisgratin (S. 27) Creme (S. 43) Zucchinitarte (S. 61) Mus aus Birnen (S. 68)
Süßkartoffel	milder Geschmack wirkt verdickend	ja +	Crêpes, Pancakes, Kuchen, Cremes	ja	Brownies (S. 67) Patisseriecreme (S. 73)
Maniok	neutraler Geschmack wirkt verdickend	ja +	Gebäck, Crêpes, Breie	ja	Bananenkuchen (S. 40)
Mandel oder Haselnuss	Geschmack ++ wirkt austrocknend	nein	Crêpes, Pancakes, Kuchen, Madeleines, Muffins	ja	
Grüne Banane	Geschmack ++ lockert auf, kann roh gegessen werden (präbiotisch)	ja +	Pancakes, Crêpes, Kuchen, Muffins Smoothies, Joghurt	ja	

Tarte „Tian"

MIT SENF

Als Mischung zwischen französischer Tomatentarte und Tian Provençal sticht dieses einzigartige leichte Sommergericht hervor. Ich habe Einkorn-Vollkornmehl aus Haute-Provence verwendet und ein wenig Mandelmehl hineingemischt, damit der Teig nach dem Backen geschmeidig bleibt.

PERSONENANZAHL	ZUBEREITUNGSZEIT	BACKZEIT
4 bis 6	25 min	40 min

ZUTATEN FÜR EINE TARTEFORM (30 CM DURCHMESSER)

TEIG

180 g Vollkornmehl aus Einkorn (Kleindinkel)

20 g Mandelmehl aus weißen Mandeln

25 g Olivenöl

80 g Pflanzendrink (aus Reis, Mandeln …)

2 EL körniger Senf mit ganzen Senfsamen (Senf à l'Ancienne) oder Paste aus schwarzen Oliven (Tapenade) zum Bestreichen

BELAG

1 Aubergine

etwas Olivenöl

1 Zucchini

1 kleine weiße Zwiebel

1 halbe rote Paprikaschote

1 Tomate

6 schwarze Oliven

100 g Kräuter- oder Basilikumtofu (optional)

ZUBEREITUNG

1. Alle Teigzutaten und zwei Prisen feines Salz in die Schüssel der Küchenmaschine geben und kneten. Je nach Mahlgrad Ihres Mehls müssen Sie die Menge an Flüssigkeit eventuell anpassen.

2. Den Teig auf einer mit Mehl bestreuten Arbeitsfläche dünn ausrollen und die Tarteform damit auslegen.

3. Die Aubergine in sehr dünne Scheiben schneiden und auf einem Teller mit Olivenöl bestreichen.

4. Die Zucchini in sehr dünne Scheiben schneiden, die Zwiebel und die Paprikaschote ebenso, die Tomate halbieren und ebenfalls in Scheiben schneiden.

5. Das Backrohr auf 180 °C vorheizen.

6. Teig mit Senf oder mit Olivenpaste bestreichen, je nach Vorliebe.

7. Den Teig in der Form abwechselnd mit einer Auberginen- und einer Zucchinischeibe belegen, die Paprika- und Zwiebelscheiben dazwischen platzieren. Die Tomatenstücke und die Oliven als oberste Schicht darauflegen.

8. Die Tarte ins Backrohr schieben, nach 20 Minuten die Temperatur auf 150 °C reduzieren, die Tarte weitere 20 Minuten backen.

9. Unmittelbar bevor Sie das Backrohr ausschalten, die Tofuscheiben auf die Tarte legen, damit sie warm werden.

10. Falls Sie einen milchsauer fermentierten Tofu ausgewählt haben (welcher besser für das Mikrobiom im Darm ist!), sollten Sie diesen nicht aufwärmen, damit seine gesundheitsfördernden Eigenschaften erhalten bleiben. Die Scheiben in diesem Fall einfach auf das angerichtete Tartestück auf dem Teller legen.

Tortillas

MIT SCHWARZKÜMMELSAMEN

Wenn das Brot ausgegangen ist, sind diese Tortillas die Lösung, die Sie backen können, während Sie das Essen zubereiten. Schwarzkümmel, auch als „römischer Koriander" bezeichnet, sorgt für leicht pfeffrigen Geschmack, der an Bohnenkraut und Senf erinnert! Wenn Sie keinen haben, nehmen Sie stattdessen Mohnkörner. Das Ergebnis ist zwar weniger aromatisch, aber Sie können dies kompensieren, indem Sie stattdessen ein bisschen mehr Ras el-Hanout (nordafrikanische Gewürzmischung) verwenden.

PERSONENANZAHL	ZUBEREITUNGSZEIT	GARZEIT
3	20 min	45 min

ZUTATEN FÜR 6 TORTILLAS

125 g weißes Dinkelmehl
2 Prisen Salz
1 TL Backpulver
1 EL Olivenöl
60 ml Wasser
1 EL Schwarzkümmelsamen
6 Prisen Ras el-Hanout

ZUBEREITUNG

1. Mehl, Salz und Backpulver in die Schüssel der Küchenmaschine geben. Das Olivenöl und das Wasser hinzufügen. Mixen, bis ein Teigklumpen entsteht.

2. Die Arbeitsfläche mit Mehl bestreuen und den Teigklumpen kneten, unterdessen die Schwarzkümmelkörner hinzufügen. Den Teig zu einer Wurst rollen, diese in sechs Teile schneiden. Diese Teile dann zu sechs kleinen Teigkugeln formen und mit dem Nudelholz ausrollen, bis kleine Crêpes mit 12 cm Durchmesser entstehen.

3. Eine kleine, gusseiserne Pfanne erhitzen.

4. Alle Teigscheiben mit Ras el-Hanout bestreuen und unter leichtem Druck mit dem Nudelholz darüberrollen, damit die Gewürze gut haften.

5. Die erste Tortilla in die Pfanne geben, sobald diese heiß ist. Etwa 8 Minuten anbraten lassen, bis der Teig sich aufbläht und kleine Blasen wirft. Diesen anschließend auf die gewürzte Seite drehen und 3 Minuten anbraten lassen.

6. Die Tortillas nacheinander in ein Küchentuch geben.

Rustikale Tarte

MARMORIERT, MIT FEIGEN

Für ein bisschen Abwechslung wird hier der Zimt in den Teig eingearbeitet, anstatt ihn auf die Früchte zu streuen, was einen Marmoreffekt erzeugt.

PERSONENANZAHL	ZUBEREITUNGSZEIT	BACKZEIT
4	20 min	35 min

ZUTATEN FÜR DEN TEIG

170 g weißes Dinkelmehl (F: Typ 70; D: Typ 812 bzw. 1050; Ö: D1500)

1 Prise Salz

30 ml Olivenöl

100 ml heißes Wasser

1 EL gemahlener Zimt

FÜR DEN BELAG

4 bis 6 Feigen

2 EL Vollrohrzucker, Kokosblütenzucker oder Honig

ZUBEREITUNG

1. Das Mehl zusammen mit dem Salz in eine Schüssel geben. Eine Vertiefung eindrücken und das Olivenöl und das heiße Wasser hineingießen, alles verkneten und zu einer Kugel formen. Da das Mehl sehr mild und fein ist, verwendet man heißes Wasser, denn damit lässt es sich sehr leicht kneten.

2. Die Teigkugel flach drücken und zu einem kleinen Viereck ausrollen. Großzügig mit dem Zimt bestreuen, den Teig in der Mitte zusammenfalten, ausrollen und noch einmal falten, sodass ein rechteckiger Kuchenboden entsteht (etwa 30 x 20 cm). Auf diese Art wird der Zimt nicht gleichmäßig verteilt, was einen Marmoreffekt erzeugt.

3. Den Kuchenboden auf einem Blech platzieren und die in Spalten geschnittenen Feigen auflegen, dabei an den Rändern etwas Platz lassen, damit Sie diese hochklappen können.

4. Das Ganze je nach Belieben mit Vollrohrzucker oder Kokosblütenzucker bestreuen oder mit Honig überziehen.

5. Die Tarte 35 Minuten lang bei 180 °C im Backrohr backen.

Variante: *Der Teig kann auch mit einem Einkorn-Vollkornmehl aus der Haute-Provence gemacht werden. Er wird in diesem Fall weicher. Zum Ausrollen die Arbeitsfläche also einfach mit etwas mehr Mehl bestreuen.*

Crêpes

MIT ERDMANDELAUFSTRICH

Khorasan-Weizen (Kamut) verleiht dem Crêpesteig, der einfach nur mit Orangenblütenwasser (das auch durch Rum oder Orangenlikör ersetzt werden kann) aromatisiert ist, einen keksartigen Geschmack. Ich schlage vor, die Crêpes mit Kompott zu essen, nachdem Sie sie mit einer hauchzarten Schicht Schokoladen-Erdmandel-Aufstrich überzogen haben. Extrafeines Erdmandelmehl sorgt für einen leichten Haselnussgeschmack.

PERSONENANZAHL	ZUBEREITUNGSZEIT	GARZEIT
4	10 min	30 min

ZUTATEN FÜR 12 KLEINE CRÊPES

125 g Mehl aus Khorasan-Weizen (Kamutmehl)

2 Eier

1 Prise fein gemahlenes Salz

1 EL Olivenöl

250 ml pflanzlicher Drink (Reis, Hanf, Mandel etc.).

2 EL Orangenblütenwasser

Oliven- oder Kokosöl (zum Einfetten der Crêpes-Pfanne)

FÜR DEN ERDMANDEL-AUFSTRICH

50 g dunkle Schokolade mit 70 % Kakaoanteil

15 g extrafeines Erdmandelmehl

50 g Kokospaste oder Kokosöl

1 EL Agavensirup oder Kokosblütenwasser

1 TL Kardamompulver

ZUBEREITUNG

1. Mehl in eine Schüssel geben, eine Vertiefung hineindrücken und Eier, Salz, Olivenöl und etwas Pflanzendrink hinzufügen. Kräftig umrühren, damit alles gut durchmischt wird, und anschließend den Rest des Pflanzendrinks und das Orangenblütenwasser dazugeben.

2. Eine kleine gusseiserne Crêpes-Pfanne (16 cm Durchmesser) erhitzen, mit Oliven- bzw. Kokosöl bestreichen und einen kleinen Schöpfer Teig für die erste dünne Crêpe hineingießen.

3. Sobald die erste Seite goldbraun geworden ist, die Crêpe wenden.

4. Wiederholen, bis der ganze Teig verbraucht ist.

5. Für den Aufstrich die Schokolade in Stücke brechen und in einen kleinen Topf geben, auf den Herd stellen und die Kokospaste bzw. das Kokosöl dazugeben. Bei geringer Temperatur unter ständigem Rühren so lange erwärmen, bis die Schokolade geschmolzen ist und alle Zutaten sich gut vermischt haben. Vom Herd nehmen und den Agavensirup oder das Kokosblütenwasser, das extrafeine Erdmandelmehl und den Kardamom dazugeben.

Tipp: *Wenn Sie keine Kokospaste haben, verwenden Sie ein Kokosöl, das „vergine“ (aus erster Kaltpressung unter 40 °C) ist und bei Zimmertemperatur cremig bleibt. Wenn Sie den Aufstrich jedoch im Kühlschrank aufbewahren, wird er mit Kokosöl härter als mit Kokospaste.*

Körnergebäck

ZUM APERITIF

Im Prinzip genügt es, Tapenade zum Würzen des Teigs zu verwenden, aber wenn Sie etwas mehr Würze wünschen, würzen Sie zusätzlich mit Gomasio (Sesamsalz). Die Paste aus schwarzen Oliven können Sie durch pürierte, getrocknete Tomaten (Paste) ersetzen. Dieses Gebäck kann sowohl heiß als auch kalt genossen werden, alleine oder mit Humus, Gemüsekaviar oder Algentartar.

PERSONENANZAHL	ZUBEREITUNGSZEIT	BACKZEIT
4 bis 6	15 min	25 min

ZUTATEN FÜR 25 STÜCK

125 g Joghurt (wahlweise aus Schafs- oder Ziegenmilch oder auch pflanzlich)

50 g Paste aus schwarzen Oliven (Tapenade)

2 Eier

110 g weißes Teffmehl

1 gehäufter TL glutenfreies Backpulver

4 EL geschälte Sonnenblumenkerne

2 EL ungeschälte Sesamsamen

2 EL Hanfsamen (optional)

1 TL Gomasio (optional)

1 TL Paprikapulver

ZUBEREITUNG

1. Das Backrohr auf 150 °C vorheizen.

2. Das Joghurt mit der Paste aus schwarzen Oliven vermischen, Eier, Teffmehl und Backpulver dazugeben.

3. Den Teig auf ein mit Backpapier ausgelegtes Backblech gießen und mithilfe eines Pfannenwenders ein großes Quadrat mit 25 x 25 cm formen.

4. Den Teig mit Sonnenblumenkernen, Sesam- und falls gewünscht mit Hanfsamen sowie mit Gomasio bestreuen. Im Backrohr 25 Minuten backen.

5. Das fertige Gebäck aus dem Backrohr nehmen, in Rechtecke schneiden, mit ein paar Prisen Paprikapulver bestreuen und die Stücke auf einem Teller verteilen.

***Variante:** Sie können dieses Gericht auch mit der gleichen Menge Buchweizen- oder Sorghummehl zubereiten.*

Kürbisgratin

MIT CRUMBLE

Buchweizenmehl verleiht Gerichten einen rustikalen Geschmack, der gut zum Aroma von Zwiebeln und Kürbis passt. Erdmandelmehl ergänzt das Ganze durch eine Textur, die diesen Crumble aus Buchweizen- und Mandelmehl ausbalanciert.

PERSONENANZAHL	ZUBEREITUNGSZEIT	GAR- UND BACKZEIT
4	20 min	25 min + 15 min

ZUTATEN FÜR EINE BACKFORM (21 CM DURCHMESSER)

800 g Kürbis

1 große gelbe Zwiebel

2 EL Olivenöl

2 Prisen Thymian

Salz

50 g Buchweizenmehl

10 g Erdmandelmehl

20 g Mehl aus weißen Mandeln

1 EL Gomasio (Sesamsalz)

4 EL Olivenöl

ZUBEREITUNG

1. Den Kürbis in Scheiben schneiden, sodass Sie die Schale und die Kerne leicht entfernen können.

2. Die Zwiebel schälen, fein schneiden und in einen Topf mit dickem Boden geben. Mit dem Olivenöl benetzen und anbraten. Den Thymian und den in kleine Stücke geschnittenen Kürbis hinzugeben. Salzen und 20 Minuten zugedeckt garen lassen.

3. Der Kürbis kann auch dampfgegart, danach grob zerstampft und zu den goldbraunen Zwiebeln dazugegeben werden.

4. Für den Crumble in einer Schüssel Buchweizen-, Mandel- und Erdmandelmehl mit Gomasio vermischen und ein wenig salzen. Dann das Olivenöl dazugeben und mit einer Gabel umrühren, bis der Teig eine sandige Textur erreicht.

5. Das Kürbiskompott in die Form gießen, den Crumble darauf verteilen und 15 Minuten lang bei 150 °C backen.

Lavaküchlein

MIT MOKKA UND BUCHWEIZEN

Es ist das Johannisbrotkernmehl (auch Carobpulver genannt), das diesen Schokoladen-Lavaküchlein einen dezenten Geschmack verleiht. Der Johannisbrotbaum zählt zu den Hülsenfrüchtlern. Seine Schoten beinhalten Samen, die als Kakaoersatz und geröstet auch als Kaffeeersatz genutzt werden. Johannisbrotsamen sind sehr reich an Zucker (Sacharose und Glukose), Ballaststoffen und Stärke. In diesem Rezept dient Johannisbrotkernmehl als Ersatz für Rohrzucker und sorgt für einen leichten Geschmack nach Karamell und Chicorée.

PERSONENANZAHL	ZUBEREITUNGSZEIT	BACKZEIT
4	15 min	7–10 min

INGRÉDIENTS

180 g dunkle Schokolade mit 70 % Kakaoanteil

6 EL Pflanzendrink

3 Eier

30 g Buchweizenmehl

2 EL Johannisbrotkernmehl

10 g kandierter Ingwer oder
3 EL Cranberrys

ZUBEREITUNG

1. Die zerstückelte Schokolade in einem kleinen Topf auf kleiner Flamme schmelzen lassen, nach und nach unter Rühren den Pflanzendrink dazugießen.

2. Den Topf von der Flamme nehmen und einige Augenblicke warten, nacheinander die Eier dazugeben.

3. Kräftig umrühren und dann das Buchweizenmehl und das Johannisbrotkernmehl hinzugeben.

4. Diesen Teig in eingefettete kleine Auflauf- oder Muffinformen gießen und den sehr fein gewürfelten, kandierten Ingwer (oder die Cranberrys, wenn Sie zusätzlich eine säuerliche Note erreichen möchten) auf die Formen verteilen.

5. Die Förmchen 7 bis 10 Minuten bei 180 °C im Backrohr backen. Da die Lavaküchlein sehr schnell fertig sind, darauf achten, sie rechtzeitig herauszunehmen, damit das Innere flüssig bleibt!

Tipp: *Wenn Sie die doppelte Menge an Küchlein backen möchten, bereiten Sie am besten den Teig im Voraus vor und bewahren Sie die Formen so lange im Kühlschrank auf, bis Sie sie ins Backrohr geben. Das Backen geht schnell, daher können Sie dieses Gericht vorbereiten, während Sie das Backrohr dazu verwenden, um ein Gemüsegericht zuzubereiten. Sobald das Gemüsegericht fertig ist, unmittelbar bevor Sie das Backrohr ausschalten, die Formen mit den Lavaküchlein ins Rohr geben, und voilà, das Dessert ist auch schon fertig!*

Biskuittarte

MIT MARILLEN (APRIKOSEN)

Der Teig für diese glutenfreie Tarte ist relativ dick, da der Biskuit auch den Saft der Früchte aufsaugt. Nehmen Sie sehr reife Marillen, um einen Fruchtbelag zu bekommen, der zartschmelzend ist und die sandige Textur des Teigbodens ausgleicht.

PERSONENANZAHL	ZUBEREITUNGSZEIT	BACKZEIT
4 bis 6	15 min	30 min

ZUTATEN FÜR EINE RECHTECKIGE TARTEFORM (35 X 11 CM) MIT HERAUSNEHMBAREM BODEN

140 g Vollkorn-Reismehl

100 g Sorghummehl

2 TL Vollrohrzucker oder Kokosblütenzucker

1 TL glutenfreies Backpulver

120 ml pflanzlicher Drink

60 ml mildes Olivenöl

8 bis 10 Marillen

FÜR DIE DEKORATION

2 EL Vollrohrzucker oder Kokosblütenzucker

2 EL geschälte Pistazien

ZUBEREITUNG

1. Alle Trockenzutaten in eine Schüssel geben. Den pflanzlichen Drink lauwarm werden lassen, dann zusammen mit dem Olivenöl in die Schüssel gießen und umrühren, bis alles gut vermischt ist.

2. Den Teig anschließend auf eine mit Reismehl bestreute Arbeitsfläche geben und kneten, bis eine sehr geschmeidige, aber gleichzeitig bröckelige Teigkugel entsteht. Mit den bröckeligen Teigstücken die Backform auslegen und den Teig direkt mit den Fingern flach drücken.

3. Marillen vierteln und mit der Schale nach unten schön eng nebeneinander auf den Teig legen.

4. Den Kuchen mit Zucker und mit dem Messer zerhackten Pistazien bestreuen, danach 30 Minuten lang bei 180 °C im Backrohr backen.

Variante: *Sie können das Sorghummehl durch Buchweizen- oder Teffmehl ersetzen.*

Crumble

MIT HIMBEEREN UND FEIGEN

Da es den milden Geschmack des Kakaos ergänzt, ohne den säuerlichen Geschmack der Himbeeren zu überdecken, ist Reismehl am besten für diesen Crumble geeignet.

PERSONENANZAHL	ZUBEREITUNGSZEIT	BACKZEIT
4	15 min	25 min

ZUTATEN FÜR EINE BACKFORM (21 CM DURCHMESSER)

400 g Himbeeren

4 schwarze Feigen

50 g Mehl aus Vollkornreis oder Halbvollkornreis

3 EL weißes Mandelmehl

1 gehäufter EL ungezuckerter Kakao

2 EL blonder Rohrzucker

50 g Mandelmus (aus geschälten oder ungeschälten Mandeln)

ZUBEREITUNG

1. Die Himbeeren in eine Backform geben. Die Feigen vierteln und dazugeben.

2. Reismehl und Mandelmehl, Kakao und Zucker in eine Schüssel geben.

Das Mandelmus dazugeben und mit einer Gabel umrühren, bis ein körniges Pulver entsteht. Dieses auf den Früchten verteilen.

3. 25 Minuten lang bei 150 °C im nicht vorgeheizten Backrohr backen.

Dessertcreme

MIT LILA MAISMEHL

Im Gegensatz zum Mehl aus lila Mais ist das Mehl aus Vollkornreis geschmacklos, aber verleiht der Creme Fülle und Rundheit.

PERSONENANZAHL	ZUBEREITUNGSZEIT	GARZEIT
4	5 min	15 min

ZUTATEN

60 g Mehl aus lila Mais

40 g Vollkornreismehl

550 ml Hanfdrink

40 g dunkle Schokolade

2 EL Vollrohrzucker

1 Tropfen Süßorangenöl (ätherisches Bio-Öl)

2 EL Goji-Beeren

2 EL Kakaobohnensplitter

ZUBEREITUNG

1. Beide Mehle in einen Topf geben und mit dem Schneebesen umrühren, um die „Klumpen" zu zerkleinern (oder das Mehl im Vorfeld sieben).

2. Den Hanfdrink langsam dazugießen und das Ganze auf kleiner Flamme unter ständigem Rühren mit einem Schneebesen eindicken lassen.

3. Sobald die Creme dickflüssig wird, den Zucker dazugeben und die Schokoladenstücke in die heiße Creme geben, sodass sie schmelzen, das Ganze mit einem Spatel vermischen.

4. Das Süßorangenöl dazugeben und alles vermischen.

5. In Gläschen gießen und mit Goji-Beeren und Kakaobohnensplittern garnieren.

Weihnachtskuchen

MIT KASTANIENCREME

Dieser festliche Kuchen ist meine Abwandlung des berühmten „Bûche de Noël". Sie können ihn am Vorabend zubereiten: Der Kuchen mit Haselnüssen wird mit einer dicken Schicht Creme bestrichen, die über Nacht im Kühlschrank fest wird.

PERSONENANZAHL	ZUBEREITUNGSZEIT	BACKZEIT
6	25 min	40 min

ZUTATEN FÜR EINE KASTENFORM (25 X 10 CM)

120 g dunkle Schokolade mit 70 % Kakaoanteil

50 ml Pflanzendrink

30 g gemahlene Haselnüsse

2 EL Agavensirup

4 Eier

30 g Vollkorn- oder Halbvollkornreismehl

FÜR DIE KASTANIENCREME

20 g dunkle Schokolade mit 70 % Kakaoanteil

20 g Kakaobutter

130 g Kastaniencreme mit Vanille

3 Tropfen Süßorangenöl (ätherisches Bio-Öl)

3 glasierte Kastanien

20 geröstete Haselnüsse

3 halbe Scheiben kandierte Orangen (als Dekoration, optional)

ZUBEREITUNG

1. Das Backrohr auf 180 °C vorheizen.

2. Die dunkle Schokolade in Stücke teilen, mit dem Pflanzendrink in einen kleinen Topf geben und auf kleiner Flamme erhitzen. Sobald der Pflanzendrink heiß ist, den Topf vom Herd nehmen und die Schokolade schmelzen lassen. Anschließend die gemahlenen Haselnüsse und den Agavensirup dazugeben.

3. Die Eier aufschlagen und trennen. Eigelbe in die Schokoladenmischung geben, Eiweiß schaumig schlagen.

4. Das Reismehl dazugeben, alles gut vermischen, und dann in zwei Schritten den Eischnee unterheben.

5. Die Kastenform mit Bio-Backpapier auslegen und anschließend den Teig hineingießen. Im Backrohr 35 bis 40 Minuten backen (wenn Sie den Kuchen mit dem Messer anschneiden, sollte die Klinge trocken bleiben – dann ist er fertig).

Den Kuchen auf einen Rost stürzen und abkühlen lassen.

ZUBEREITUNG DER KASTANIENCREME

1. Die Schokolade in Stücke teilen, in einem kleinen Topf gemeinsam mit der Kakaobutter schmelzen lassen und anschließend die Kastaniencreme dazugeben. Auf kleiner Flamme erwärmen, bis die Creme lauwarm wird und eine gleichmäßige Textur annimmt.

2. Dann den Topf vom Herd nehmen und das Orangenöl hinzufügen (wenn Sie keines haben, fügen Sie stattdessen 2 Prisen abgeriebene Orangenschale hinzu).

3. Nehmen Sie einen Tortenspatel zu Hilfe, um den abgekühlten Kuchen mit einer dicken Schicht Creme zu überziehen. Garnieren Sie ihn mit glasierten Kastanien und/oder Haselnüssen sowie kandierten Orangenscheiben. Bewahren Sie ihn bis zum Essen im Kühlschrank auf.

Sonniger Kuchen

MIT GETROCKNETEN MARILLEN (APRIKOSEN)

Die schöne gelbe Farbe des Maismehls (nicht zu verwechseln mit Maisstärke!) kombiniert mit dem Geschmack von getrockneten, sonnenverwöhnten Marillen und kandierter Orange zeichnet einen echten Cake *für die* tea time *aus. Diese köstliche Kombination ersetzt die traditionellen kandierten Früchte.*

PERSONENANZAHL	ZUBEREITUNGSZEIT	BACKZEIT
6	15 min	40 min

ZUTATEN FÜR EINE KASTENFORM (25 X 10 CM)

90 g blonder Rohrzucker

3 Eier

60 g weißes Mandelmehl

50 g mildes Olivenöl

100 g gelbes Maismehl

1 EL glutenfreies Backpulver

1 EL Rum oder Orangenblütenwasser

6 getrocknete, weiche Marillen

30 g kandierte Orangenwürfel

ZUBEREITUNG

1. Das Backrohr auf 150 °C vorheizen.

2. Den Zucker und die Eier mischen, anschließend das Mandelmehl und das Olivenöl hinzufügen.

3. Zugleich Maismehl und Backpulver hineinmischen. Nach Belieben Rum oder Orangenblütenwasser für den Geschmack hinzugeben.

4. Die klein geschnittenen getrockneten Marillen und die kandierten Orangenwürfel hinzufügen und untermischen, danach den Teig in eine gut eingefettete oder mit Bio-Backpapier ausgelegte Kastenform gießen.

5. Den Kuchen etwa 40 Minuten lang backen (wenn Sie ihn mit dem Messer anschneiden, sollte die Klinge trocken bleiben – dann ist er fertig).

Variante: *Da Quinoamehl einen markanten Geschmack hat, kann es von Vorteil sein, in diesem Rezept 50 % des sehr milden Maismehls durch Quinoamehl zu ersetzen. Verwenden Sie also 50 g Quinoamehl und 50 g gelbes Maismehl. Ersetzen Sie auch die kandierten Orangenwürfel durch gewürfelte kandierte Zitronenschale.*

Bananenkuchen

MIT SCHOKOLADENSPLITTERN

Dieser Kuchen ist sehr weich und ein beliebtes Essen für Zwischendurch. Er ist aber genauso gut als Frühstück geeignet. Denken Sie daran, wenn Sie den Tisch zum Sonntagsbrunch decken! Verwenden Sie am besten den Zucker der Marke „Dulcita", denn dieser ist mild genug, sodass er der Geschmack der anderen Zutaten nicht überlagert.

PERSONENANZAHL	ZUBEREITUNGSZEIT	BACKZEIT
6	20 min	40 min

ZUTATEN FÜR EINE KASTENFORM (25 X 10 CM)

2 reife Bananen

20 g Olivenöl

20 g Mandelmus aus ungeschälten Mandeln

50 g Vollrohrzucker

3 Eier

120 g Sorghummehl

1 gehäufter EL glutenfreies Backpulver

30 g dunkle Schokolade

ZUBEREITUNG

1. Das Backrohr auf 180 °C vorheizen.

2. Die Bananen mit der Gabel zerdrücken, bis ein Brei entsteht. Mit dem Olivenöl und dem Mandelmus emulgieren.

3. Den Vollrohrzucker und anschließend die Eier nacheinander hinzugeben.

4. Das Sorghummehl und das Backpulver dazugeben und durchmischen.

5. Die dunkle Schokolade auf ein Schneidbrett legen und in 0,5 cm breite, ungleichmäßige Splitter hacken. Diese dann zum Teig dazugeben.

6. Die Kastenform mit Bio-Backpapier auslegen, den Teig hineingießen und etwa 40 Minuten lang backen.

7. Aus der Form nehmen und auskühlen lassen.

Variante: *Wenn Sie anstelle des Sorghummehls Buchweizenmehl oder Vollkornreismehl verwenden, wird der Kuchen genauso weich. Maniokmehl, im selben Verhältnis verwendet, eignet sich ebenso und führt dazu, dass die Krume elastischer wird.*

Creme

ZUM FRÜHSTÜCK

Jeder kennt die berühmte Budwig Creme, die von Dr. Kousmine empfohlen wurde: Ich habe das Rezept etwas adaptiert, indem ich pflanzliches Joghurt und Braunhirsemehl verwende. Statt Leinöl kann man – dem Rat von Marion Kaplan folgend – kaltgepresstes Kokosöl verwenden (da es sehr reich an MKT, mittelkettigen Triglyceriden ist, welche das Gehirn schützen). Je nach Geschmack können Sie geröstete Saaten (Haselnusskerne, Sonnenblumenkerne, Sesam, Kürbiskerne) oder zuvor eingeweichte Mandeln, Grenobler Walnüsse oder Cashewnüsse, denen so Feuchtigkeit zugeführt wurde, verwenden, denn diese sind bekömmlicher.

PERSONENANZAHL	ZUBEREITUNGSZEIT	WARTEZEIT
1	10 min	5 min

ZUTATEN

125 g pflanzliches Joghurt

125 g pflanzliche Quark-Alternative (z. B. aus Hanf, Kokos oder Soja)

2 EL Braunhirsemehl

1 Banane oder

1 sehr reife Birne

1 EL Zitronensaft

1 TL Lein- oder Kokosöl

2 EL Ölsaaten Ihrer Wahl

Obst der Saison

ZUBEREITUNG

1. Das Joghurt und den Quark mit dem Braunhirsemehl vermischen. 5 Minuten ruhen lassen, damit das Mehl Feuchtigkeit aufnimmt.

2. Die Banane (oder die Birne) mit dem Zitronensaft beträufeln und zerdrücken und gemeinsam mit dem Öl Ihrer Wahl zur Creme dazugeben.

3. Mit den Ölsaaten bestreuen und mit frischem Obst garnieren.

Variante: *Sie können das Braunhirsemehl durch extrafeines Erdmandelmehl ersetzen oder aber letzteres ergänzend hinzufügen, und zwar 1 EL für obenstehendes Rezept.*

Frühstückskuchen

MIT TROCKENFRÜCHTEN

Quinoamehl, Eier und Trockenfrüchte sorgen dafür, dass dieser Kuchen einen hohen Proteingehalt hat. Man kann ihn sehr gut im Voraus zubereiten, etwa an einem Sonntagabend für das Frühstück an den ersten Tagen der Woche oder auch als Jause zum Mitnehmen. Die Gewürze stärken das Immunsystem und verleihen Energie: entweder einen Chai-Mix verwenden (Kardamom, Ingwer, Gewürznelke ...) oder aber nach Belieben würzen.
Dieser Kuchen ist nur leicht süß und enthält kein Fett. Er kann alleine oder mit einem Aufstrich aus Ölsaaten oder Schokolade bestrichen verzehrt werden.

PERSONENANZAHL	ZUBEREITUNGSZEIT	BACKZEIT
4 bis 6	20 min	35 min

ZUTATEN FÜR EINE KASTENFORM (25 X 10 CM)

3 Eier

125 g pflanzliches Joghurt

50 g Vollrohrzucker oder Kokosblütenwasser

120 g Quinoamehl

1 gestrichener EL glutenfreies Backpulver

1 kleine Handvoll Haselnüsse oder Mandeln

3 EL ungeschälte Sesamsamen

1 kleine Handvoll Rosinen oder getrocknete weiße Maulbeeren

1 **TL** Kardamom

½ TL Zimt

½ TL geriebener Ingwer

ZUBEREITUNG

1. Das Backrohr auf 180 °C vorheizen.

2. Die Eier mithilfe einer Gabel gemeinsam mit dem Joghurt aufschlagen. Zuerst den Zucker dazugeben, danach gleichzeitig das Quinoamehl und das Backpulver.

3. Die Nüsse oder die Mandeln mit dem Messer grob zerhacken und dann gemeinsam mit den Sesamsamen und den Rosinen sowie den Gewürzen zum Teig geben und untermischen.

4. Die Kastenform mit Bio-Backpapier auslegen und den Teig hineingießen.

5. 35 Minuten backen. Sobald der Kuchen goldbraun wird, die Temperatur auf 150 °C senken. Wenn Sie ihn mit dem Messer anschneiden, sollte die Klinge trocken bleiben – dann ist er fertig. Ist dies nicht der Fall, dann den Kuchen im bereits ausgeschalteten, aber noch heißen Backrohr fertig backen lassen.

***Variante:** Wenn Ihnen der Geschmack von Quinoa nicht so zusagt, können Sie das Quinoamehl zur Hälfte durch Vollkornreismehl ersetzen.*

Porridge

AUS LILA MAISMEHL MIT VANILLE

Der Vollrohrzucker ist für dieses Rezept wahrlich ein Plus, denn er harmoniert sehr gut mit dem zarten Geschmack des Mehls aus lila Mais. Die Vanillenote ist wichtig, denn sie verleiht dem Gericht Rundheit. Je nach Saison können Sie entweder frische Früchte oder Trockenfrüchte kombinieren. Mit Kakaobohnensplittern ergibt sich eine besonders köstliche Kombination!

PERSONENANZAHL	ZUBEREITUNGSZEIT	GARZEIT
2	5 min	12 min

ZUTATEN

30 g lila Maismehl

20 g Vollkornreismehl

300 ml Reis-Mandel-Drink

1 gehäufter EL Vollrohrzucker

1 TL Vanillezucker

FÜR DIE GARNITUR

125 g Himbeeren oder

2 EL getrocknete Heidelbeeren oder

1 Banane

1 EL Kakaobohnensplitter

ZUBEREITUNG

1. Die Mehle in einen Topf gießen und mit dem Reis-Mandel-Drink verdünnen.

2. Auf kleiner Flamme eindicken lassen und häufig umrühren, damit sich keine Klümpchen bilden.

3. Den Vollrohrzucker dazumischen und den Porridge in große Schalen gießen.

4. Mit Himbeeren, Heidelbeeren oder Bananenscheiben verzieren. Mit Kakaobohnensplittern bestreuen und alsbald verzehren.

Instantpulver

FÜR EINE BRENNNESSELCREMESUPPE

Der Vorteil der Verwendung von Linsenmehl besteht darin, dass man es mit anderen würzigen Zutaten kombinieren und so eine gute, wärmende Suppe zubereiten kann. Ich empfehle, das Instantpulver für dieses Gericht vorab in größerer Menge zuzubereiten und in einem Einmachglas aufzubewahren. Sie können die Mengenangaben verdoppeln oder verdreifachen, um gleich mehr als Vorrat herzustellen.
Das fertige Pulver wird Ihnen gute Dienste leisten, an Tagen, an denen Sie keine Zeit zum Kochen haben! Für 50 g Pulver brauchen Sie etwa 500 ml Wasser.

PERSONENANZAHL	ZUBEREITUNGSZEIT	BACKZEIT
4	10 min	10 min

ZUTATEN FÜR DIE PULVERMISCHUNG

100 g Mehl aus grünen Linsen

1 EL Brennnesselpulver (im Reformhaus erhältlich)

1 TL Kurkuma

1 EL getrocknete Algenflocken

1 TL getrocknete Zwiebeln (Zwiebelgranulat)

1 TL feines Salz

FÜR DIE SUPPE

1 l Wasser

4 EL Olivenöl

4 EL Sahne-Ersatz* aus Hafer, Mandeln … (z. B. „Hafer Cuisine", „Soja Cuisine" etc., online erhältlich)

einige Knoblauch-Croutons

ZUBEREITUNG

1. Alle Trockenzutaten in einer Schüssel mischen und in ein Einmachglas füllen. Dieses kann in einem Schrank aufbewahrt werden und hält sich lange.

2. Um die Cremesuppe zuzubereiten, 100 g vom Pulver in einen Topf gießen und nach und nach unter ständigem Rühren das Wasser dazugießen. Den Topf auf den Herd stellen und so lange unter ständigem Rühren köcheln lassen, bis die Suppe den Löffel benetzt und eine samtige Textur bekommt.

3. Die Suppe in Tellern oder Schalen anrichten, das Olivenöl und den Sahne-Ersatz Ihrer Wahl dazugeben, mit ein paar Croutons garnieren – fertig!

** Alternativ können Sie in jedem Supermarkt erhältlichen Sahne-Ersatz wie „Rama Culinesse", „Cremefine", „Becel-Culinesse" und dergleichen verwenden.*

Flan

AUS KICHERERBSENMEHL

Nichts eignet sich besser als dieses Rezept, um das Kichererbsenmehl zur Geltung zu bringen. Ich habe mich von einem traditionellen Gericht, das meine spanische Großmutter machte, inspirieren lassen. Der Teig, der in einer Auflaufform im Backrohr gebacken wird, sollte an der Oberseite eher weich bleiben, während die Unterseite fest werden sollte, wie bei einem Auflauf. Dieses Gericht kann heiß gegessen werden, als Beilage zu einer Piperade (eine Art Gemüseomelette) oder zu gedämpften Auberginen. Es kann aber auch kalt genossen werden, etwa zu einem Salat aus eingelegten Paprikaschoten oder einer kalten Ratatouille.

PERSONENANZAHL	ZUBEREITUNGSZEIT	BACKZEIT
4	10 min	45 min

ZUTATEN FÜR EINE BACKFORM (21 CM DURCHMESSER)

125 g Kichererbsenmehl

1 TL feines Salz

1 TL gemahlener Kümmel

125 g Joghurt (nach Belieben: pflanzlich, Ziegen- oder Schafsjoghurt)

2 EL Olivenöl

500 ml Pflanzendrink (Reis, Hanf, Hafer …)

1 EL weißes Sesammus

Olivenöl (für die Form)

ZUBEREITUNG

1. Das Backrohr auf 180 °C vorheizen.

2. Das Kichererbsenmehl in eine Schüssel gießen, eine Vertiefung eindrücken und Salz, Kümmel, Joghurt, Olivenöl und ein bisschen vom Pflanzendrink dazugeben. Kräftig umrühren, sodass ein Teig ohne Klümpchen entsteht.

3. Ist das Sesammus etwas zu dick, mit ein wenig vom Pflanzendrink in einer extra Schüssel verdünnen, danach zur Mehlmischung dazugeben.

4. Den Rest des Pflanzendrinks dazugeben und umrühren.

5. Die Backform großzügig mit Öl ausstreichen, den Teig in die Form gießen und sofort ins Backrohr schieben, 45 Minuten backen. Sobald die Oberfläche deutlich goldbraun ist, die Temperatur auf 150 °C senken.

6. Entweder abkühlen lassen oder lauwarm genießen.

Herzhafter Kuchen

MIT OLIVEN UND BASILIKUM

Kichererbsenmehl verleiht diesem salzigen Kuchen eine Note, die gut mit sommerlichen Gewürzen harmoniert. Servieren Sie ihn in Scheiben auf einem bunten Teller, mit Auberginenkaviar, Tapenade oder marinierten Paprikaschoten ....

PERSONENANZAHL	ZUBEREITUNGSZEIT	BACKZEIT
6	15 min	30 min

ZUTATEN FÜR EINE KASTENFORM (25 X 10 CM)

3 Eier

100 ml (100 g) Sahne-Ersatz* (aus Reis, Hirse, Hafer, Mandeln ...; z. B. „Hafer Cuisine", „Soja Cuisine" etc., online erhältlich)

1 gestrichener TL Salz

200 g Kichererbsenmehl

1 EL glutenfreies Backpulver

70 ml (60 g) mildes Olivenöl

1 Handvoll Basilikumblätter

12 schwarze Oliven

ZUBEREITUNG

1. Das Backrohr auf 180 °C vorheizen.

2. In einer Schüssel mit einer Gabel die Eier mit dem Sahne-Ersatz verschlagen. Salz, Kichererbsenmehl und Backpulver dazugeben.

3. Olivenöl beimischen, Basilikumblätter und Oliven dazugeben und untermischen.

4. Die Kastenform mit Bio-Backpapier auslegen, den Teig hineingießen und die Form ins Backrohr schieben, 30 Minuten backen.

** Alternativ können Sie in jedem Supermarkt erhältlichen Sahne-Ersatz wie „Rama Culinesse", „Cremefine", „Becel-Culinesse" und dergleichen verwenden.*

Terrine

MIT ZUCCHINI, HANF UND MINZE

Dieses herrliche Gericht können Sie heiß oder kalt genießen! Um den intensiven Geschmack des Hanfmehls abzumildern, verwende ich Mandelmehl als Gegengewicht. Minze und Zucchini passen zum Kräuteraroma des Hanfs, und damit bleiben wir bei der Farbe Grün! Wenn Sie keine frische Minze haben, können Sie diese auch sehr gut durch Basilikum ersetzen.

PERSONENANZAHL	ZUBEREITUNGSZEIT	BACKZEIT
4	25 min	40 min

ZUTATEN FÜR EINE TERRINENFORM (ETWA 25 X 10 CM)

300 g Zucchini

3 Eier

150 ml Pflanzendrink

1 TL Salz

30 g Hanfmehl

50 g weißes Mandelmehl

1 kleine Handvoll Minzeblätter

4 EL Hanföl (optional)

ZUBEREITUNG

1. Das Backrohr auf 180 °C vorheizen.

2. Zucchini grob reiben. Die geriebenen Zucchini in eine Schüssel geben und mit den Eiern, dem Pflanzendrink, dem Salz, dem Hanfmehl und dem Mandelmehl vermischen. Die Minzeblätter fein schneiden und in den Teig mischen.

3. Sie können die rohen Zucchini auch kurz (wir wollen ja keine Suppe machen!) zusammen mit dem Pflanzendrink in einem Standmixer mixen und danach die anderen Zutaten dazugeben.

4. Eine Terrinenform einfetten und die Mischung hineingießen. Gleich ins vorgeheizte Backrohr schieben und etwa 40 Minuten backen.

5. In Stücke schneiden und mit Hanföl benetzten, die Terrine mit Salat als Beilage servieren.

Soufflé

AUS KASTANIENMEHL UND HOKKAIDOKÜRBIS

Dieses Hokkaidokürbis-Soufflé mache ich mit Béchamelsoße aus Kastanienmehl als Basis. So eine Soße ist auch bei anderen Gelegenheiten nützlich, um Gemüse zu überziehen oder für ein Gratin.

PERSONENANZAHL	ZUBEREITUNGSZEIT	BACKZEIT
4	25 min	40 min

ZUTATEN FÜR EINE TERRINEN/KASTENFORM (ETWA 25 X 10 CM)

300 g Fruchtfleisch vom orangen Hokkaidokürbis

3 Eier

1 Prise Muskatnuss oder Timutpfeffer (optional)

FÜR DIE BÉCHAMELSOSSE

60 g Kastanienmehl

2 EL Olivenöl

250 ml Pflanzendrink (Hafer, Reis, Mandel …)

ZUBEREITUNG

1. Hokkaidokürbis halbieren und Kerne entfernen. Die Schale nur dann nicht entfernen, wenn es sich um einen jungen Kürbis handelt. Kürbisfleisch in Stücke schneiden. In einer Auflaufform im Backrohr bei geringer Temperatur (unter 100 °C) so lange garen, bis die Kürbisstücke weich sind.

2. Das Backrohr auf 180 °C vorheizen.

FÜR DIE BÉCHAMELSOSSE

1. Das Kastanienmehl in einen Topf sieben.

2. Eine Vertiefung hineindrücken und das Olivenöl sowie die Hälfte des Pflanzendrinks hinzugeben. Sofort kräftig umrühren, damit keine Klümpchen entstehen. Den Rest des Pflanzendrinks hinzugeben, salzen und den Topf auf den Herd stellen.

3. Bei geringer Hitze köcheln lassen, regelmäßig umrühren, bis die Mischung eindickt.

4. Den gegarten Kürbis zu einem Püree zerdrücken und zur Béchamelsoße geben.

FÜR DAS SOUFFLÉ

1. Eier aufschlagen und trennen.

2. Eigelbe zur Kürbismischung dazugeben, Muskatnuss oder Timutpfeffer hinzufügen und vermischen (Sie können den gegarten Kürbis auch mithilfe eines Standmixer mit der Béchamelsoße und den Eigelben vermixen).

3. Eiweiß zu Eischnee schlagen und der Kürbismischung beifügen.

4. Eine Kastenform sorgfältig einfetten und die Soufflémasse hineingießen. 40 Minuten backen und direkt nach dem Herausnehmen genießen!

Süßer Senf

MIT WALNUSSMEHL

Das Rezept ist so einfach und das Resultat so schmackhaft, dass Sie – und da bin ich sicher –, diesen hausgemachten Senf mit Walnussmehl genauso wie ich zu Ihren Stammrezepten machen werden! Jeden Sommer ernte ich die gelben Senfkörner in meinem Garten, aber Sie können Sie genauso gut in der Bio-Gewürzabteilung kaufen. In jedem Fall sollten Sie einen guten Apfelessig verwenden, damit der milde aromatische Geschmack dieses Senfs erhalten bleibt. Dieser Senf ist mehrere Monate im Kühlschrank haltbar.

ZUBEREITUNGSZEIT	RUHEZEIT	GARZEIT
10 min	4 h	

ZUTATEN FÜR EIN KLEINES GLAS

60 g gelbe Senfkörner

60 ml Apfelessig

100 ml Wasser

40 ml Rapsöl

24 g Honig

30 g Walnussmehl

Salz und Pfeffer (Timutpfeffer, falls Sie welchen haben)

1 Prise Kurkuma (optional)

ZUBEREITUNG

1. Die Senfkörner zusammen mit dem Apfelessig und dem Wasser in einen Multizerkleinerer geben.

2. Die Körner 4 Stunden lang Feuchtigkeit aufnehmen lassen. Anschließend Öl, Honig, Walnussmehl, Salz und je nach Geschmack etwas Pfeffer und/oder Kurkuma dazugeben.

3. Nur kurz mixen, damit die Senfsamen möglichst ganz bleiben und Textur und Optik jener von „moutarde à l'ancienne" ähneln.

4. In ein kleines Glas füllen und im Kühlschrank aufbewahren.

Zucchinitarte

MIT WARMEM ZIEGENKÄSE ODER BASILIKUM-TOFU

Bei diesem Teig ist kein Ausrollen notwendig! Die Textur des Teigbodens ähnelt einem Teig für einen Kuchen. Da Erdmandelmehl nicht so viel Flüssigkeit aufsaugen kann wie ein Mehl aus Getreide, werden Sie feststellen, dass der Teig dünnflüssiger ist als ein Teig aus Reismehl alleine. Nach dem Backen fühlt sich der Teig weniger „flockig" an, wenn Sie ein extrafeines Mehl verwenden.

PERSONENANZAHL	ZUBEREITUNGSZEIT	BACKZEIT
4	25 min	30 min

ZUTATEN FÜR EINE TARTEFORM (24 CM DURCHMESSER)

125 g Joghurt (nach Belieben: entweder pflanzliches, Ziegen- oder Schafsjoghurt)

3 Eier

3 EL Olivenöl

60 g Vollkornreismehl

60 g Erdmandelmehl

25 g Mandelmehl

1 gestrichener EL glutenfreies Backpulver

2 EL Gomasio (Sesamsalz, in Asia-Läden oder online erhältlich)

2 Zucchini (mit etwa 4 cm Durchmesser)

2 kleine Laibchen Ziegenkäse (à ca. 100 g) oder 4 Scheiben milchsauer fermentierter Tofu (à ca. 50 g) mit Basilikum

1 Dutzend große Basilikumblätter

ZUBEREITUNG

1. Das Joghurt in eine Schüssel geben, die Eier dazugeben und mit einer Gabel aufschlagen. Das Olivenöl beimengen.

2. Die Mehle und das Backpulver dazugeben, salzen und sehr kräftig umrühren.

3. Die Zucchini waschen und in dünne Scheiben schneiden.

4. Die Tarteform mit Bio-Backpapier auslegen, den Teig hineingießen und die Zucchinischeiben rosettenförmig auf dem Teig auslegen (wie bei einer Obsttarte).

5. 25 Minuten lang bei 180 °C im vorgeheizten Backrohr backen.

6. Anschließend die halbierten Ziegenkäselaibchen oder die Tofuscheiben auf den Zucchini platzieren und weitere 5 Minuten backen, damit Sie das Ganze heiß servieren können. Mit geschnittenem Basilikum bestreuen.

Marillentarte

MIT EINEM HAUCH VON WALNUSS

Walnussmehl verleiht einem ganz einfachen Tarteteig einen köstlichen, delikaten Geschmack. Ich kombiniere es mit einem weißen Mehl aus Dinkel, welches das Kneten erleichtert.

PERSONENANZAHL	ZUBEREITUNGSZEIT	BACKZEIT
4	25 min	30 min

ZUTATEN FÜR EINE RECHTECKIGE BACKFORM (35 X 11 CM) MIT HERAUSNEHMBAREM BODEN

FÜR DEN TEIG

110 g weißes Dinkelmehl (F: Type 70; D: Type 812 bzw. 1050; Ö: D1500)

70 g Walnussmehl

1 kleine Prise feines Salz

30 g Olivenöl

100 ml heißes Wasser

FÜR DEN BELAG

12 Marillen (Aprikosen)

2 EL Vollrohrzucker, Kokosblütenwasser oder Honig

ZUBEREITUNG

1. Das Backrohr auf 180 °C vorheizen.

2. Die beiden Mehle und das Salz in die Schüssel der Küchenmaschine geben. Olivenöl und heißes Wasser dazugeben. Durchkneten, bis eine geschmeidige Teigkugel entsteht.

3. Auf einer mit Mehl bestreuten Arbeitsfläche auswalken und die Backform damit auslegen.

4. Die Marillen entkernen, vierteln und in engen Reihen den Teig damit belegen, anschließend mit Zucker bestreuen (oder mit Kokosblütenwasser bzw. Honig bestreichen).

5. Die Tarte ins Backrohr schieben und etwa 30 Minuten backen.

Kokoscrumble

EISGEKÜHLT MIT BANANEN-BIRNEN-KOMPOTT

Das Fett, das ich verwendet habe, ist kein klassisches Kokosöl, sondern Kokospaste (oder Kokosmus), welches mit Mus aus Ölfrüchten (Mandel- oder Cashewmus) vergleichbar ist. Kokosmus besteht aus dem Fruchtfleisch der Kokosnuss, welches so lange fein verarbeitet wird, bis es eine cremige Konsistenz erreicht hat. Auf gewisse Art und Weise vereint es Milch, Öl und Fruchtfleisch der Kokosnuss miteinander. Dieser Crumble lässt sich im Vorhinein zubereiten, wenn Sie ihn anschließend in einem Behälter im Gefrierfach aufbewahren. Dort steht er servierbereit, etwa zusammen mit Kompott aus exotischen Früchten.

PERSONENANZAHL	ZUBEREITUNGSZEIT	KOCHZEIT	KÜHLZEIT
4	20 min	15 min	2 Std. im Gefrierfach

ZUTATEN FÜR DEN CRUMBLE

40 g feines Kokosmehl
20 g Kokosblütenzucker
30 g Kokospaste

FÜR DAS KOMPOTT

2 Bananen
2 Williamsbirnen
1 EL Zitronensaft

ZUBEREITUNG

1. Für das Kompott die Bananen schälen, die Stängel und die Kerne der Birnen entfernen. Die Früchte in feine Scheiben schneiden, in einen Topf geben und den Zitronensaft darübergießen.

2. Umrühren, zudecken und auf kleiner Flamme 15 Minuten lang köcheln lassen, anschließend durchmischen. Das Kompott in Gläschen gießen und kalt stellen.

3. Für den Crumble in einer Schüssel Kokosmehl mit Kokosblütenzucker vermischen und Kokospaste beimengen. Mit der Gabel so lange vermischen, bis eine klumpige Masse entsteht. Diese 2 Std. lang ins Gefrierfach stellen.

4. Kurz vor dem Verzehr den eisgekühlten Crumble auf dem Kompott verteilen.

Brownie

AUS SÜSSKARTOFFELMEHL

Dieses Rezept wird alle begeistern! Die Kombination aus Süßkartoffelmehl und Banane verleiht dem Brownie eine Textur, die im Munde zergeht und die noch aufgepeppt wird durch die Knackigkeit der Mandeln und die leichte Säurenote der Cranberrys.

PERSONENANZAHL	ZUBEREITUNGSZEIT	BACKZEIT
4	25 min	40 min

ZUTATEN FÜR EINE RECHTECKIGE BACKFORM (13 X 18 CM)

80 g dunkle Schokolade mit 70 % Kakaoanteil

50 ml Wasser oder Pflanzendrink

2 EL mildes Olivenöl

50 g Cranberrys

30 g Mandeln

1 sehr reife Banane

2 Eier

25 g Süßkartoffelmehl

1 TL glutenfreies Backpulver

1 TL Vollrohr- oder Kokosblütenzucker

ZUBEREITUNG

1. Die Schokolade in Stücke brechen und in einen Topf mit dickem Boden geben. Den pflanzlichen Drink dazugeben und auf kleiner Flamme erhitzen
Sobald die Flüssigkeit heiß ist, den Topf vom Herd nehmen, sodass die Schokolade langsam schmilzt.

2. Das Olivenöl unter Umrühren dazugießen. Die Cranberrys, die Mandeln und die in feine Scheiben geschnittene Banane dazugeben. Kräftig verrühren und anschließend das Süßkartoffelmehl und das Backpulver dazugeben. Zuletzt den Zucker beimengen.

3. Die Backform mit Bio-Backpapier auslegen und den Teig hineingießen.

4. 25 Minuten lang bei 180 °C im nicht vorgeheizten Backrohr backen.

Cremiges Mus

AUS BIRNEN

Bei sehr saftigen Früchten, die ein flüssiges Mus ergeben, kann extrafeines Erdmandelmehl etwas entgegenwirken, indem es den überschüssigen Saft aufsaugt und als Bindemittel wirkt. Auch macht es das Süßen mit Zucker überflüssig, denn Erdmandelmehl besitzt einen sehr süßen Geschmack.

PERSONENANZAHL	ZUBEREITUNGSZEIT	KOCHZEIT
4	15 min	25 min

ZUTATEN

6 Williamsbirnen

Saft einer halben Zitrone

3 EL extrafeines Erdmandelmehl

ZUBEREITUNG

1. Die Birnen vierteln, danach die Kerne entfernen. Anschließend die Früchte klein schneiden und in einen kleinen Topf mit dickem Boden geben. Mit dem Zitronensaft übergießen, umrühren und zudecken.

2. Auf kleiner Flamme 25 Minuten lang köcheln lassen.

3. In einen Standmixer gießen, das Erdmandelmehl dazugeben und mixen. Anschließend abkühlen lassen

__Variante:__ Auch Mandelmehl, Süßkartoffel- oder Kastanienmehl eignet sich für dieses Mus bestens.

Dessertcreme

FLAUMIG, AUS KASTANIENMEHL

Ob dieses Rezept gelingt, hängt von der Qualität des Kastanienmehls ab. Dieses muss sehr fein sein (damit es die Flüssigkeit gut aufnimmt) und auch sehr frisch (für den Geschmack). Die Süße des Kastanienmehls macht Zucker überflüssig, außer man möchte eine Vanillenote erzielen. Wenn Sie keine Kakaobutter haben, können Sie stattdessen auch ein Stück Schokolade verwenden.

PERSONENANZAHL	ZUBEREITUNGSZEIT	KOCHZEIT
4	15 min	15 min

ZUTATEN

120 g Kastanienmehl

600 ml Pflanzendrink (entweder Reis- und Mandeldrink oder Mandel- und Walnussdrink)

10 g Kakaobutter

1 EL Vanillezucker

1 EL Kakaobohnensplitter

1 Kardamomkapsel

2 glasierte Kastanien (optional)

ZUBEREITUNG

1. Das Kastanienmehl in einen Topf sieben. Den Pflanzendrink nach und nach dazugeben, auf kleiner Flamme köcheln lassen und mit dem Rührbesen umrühren. Sobald die Mischung eindickt, mit einem Spatel kräftig umrühren, damit keine Klümpchen entstehen. (Dass sich das Mehl gut angesaugt hat, sehen Sie daran, dass die Creme den Löffel benetzt, und wenn Sie die Mischung probieren, darf kein Korn mehr zu spüren sein.)

2. Dann die Kakaobutter dazugeben, damit sie schmilzt, sowie den Vanillezucker für den Geschmack.

3. Das Dessert in tiefen Tellern oder Schalen servieren: Die Creme, die dieselbe Textur wie eine Velouté (samtige, eher dickflüssige Soße) haben sollte, hineingießen und abkühlen lassen.

4. Die Kakaobohnensplitter in einen Multizerkleinerer geben. Die Kardamomkapsel öffnen, die Samen dazugeben und kurz mixen.

5. Bevor Sie die Creme verkosten, einige glasierte Kastanien in der Mitte jedes Tellers bzw. jeder Schale platzieren und mit dem Pulver aus Kakaobohnensplittern und Kardamom bestreuen.

Patisseriecreme

MIT RUM

Mit Süßkartoffelmehl lässt sich eine wahrlich leichte Patisseriecreme zubereiten. Sie ist sehr neutral im Geschmack und lässt die Aromen von goldenem Rum und Vanillezucker in den Vordergrund treten. Ich habe aromatisierten Rum verwendet, den ich mit Kumquats zubereitet habe: 12 Kumquats vierteln und zusammen mit 2 EL Honig oder Vollrohrzucker in eine Flasche Rum geben und 6 Monate stehen lassen. Der Zitrusgeschmack, den der Rum so entwickelt, eignet sich sehr gut für Desserts.

PERSONENANZAHL	ZUBEREITUNGSZEIT	KOCHZEIT
4	25 min	10 min

ZUTATEN

30 g Vanille-Vollrohrzucker*

4 Eigelb

20 g Süßkartoffelmehl

400 ml Reis-Mandel-Drink

2 EL goldener Rum (oder aromatisierter Rum)

* Vanille-Vollrohrzucker: Vanilleschoten in der Schüssel gemeinsam mit dem Vollrohrzucker aufbewahren, sodass dieser zusätzlich zu seinem natürlichen Karamellaroma noch Vanillegeschmack bekommt.

ZUBEREITUNG

1. Den Vanille-Vollrohrzucker zu einem feinen Pulver mahlen.

2. Den so gewonnen Staubzucker mit den Eigelben in einem Topf vermischen.

3. Das Süßkartoffelmehl beimengen und mit dem Pflanzendrink alles verdünnen.

4. Auf dem Herd bei kleiner Flamme eindicken lassen, dabei unablässig umrühren.

5. Für den Geschmack den Rum dazugeben und unterrühren.

Cookies

DOUBLE CHOCOLATE

Diese Cookies aus Walnussmehl mit Schokoladenchips sind sehr weich. Zögern Sie nicht, sie als improvisiertes Dessert zu servieren, indem Sie die Cookies mit Himbeermus garnieren. Dulcita-Vollrohrzucker (ungebleichter Bio-Vollrohrzucker) ist ausreichend mild, sodass der Geschmack des Walnussmehls nicht überdeckt wird.

PERSONENANZAHL	ZUBEREITUNGSZEIT	BACKZEIT
4	15 min	15 min

ZUTATEN FÜR 8 COOKIES

60 g Dulcita-Vollrohrzucker

30 g ungesüßtes Kakaopulver

40 g mildes Olivenöl (oder Vanille-Olivenöl*)

2 Eier

50 g Walnussmehl

1 TL glutenfreies Backpulver

30 g dunkle Schokolade mit 70 % Kakaoanteil

*Vanille-Olivenöl: Eine Vanilleschote, die Sie halbiert und ausgekratzt haben, um das Mark in einem anderen Rezept zu verwenden, in eine Flasche Olivenöl geben. Einige Wochen stehen lassen. Verwenden Sie dieses so entstandene Vanille-Olivenöl dazu, Ihre Backwaren mit einem leichten Aroma zu versehen.

ZUBEREITUNG

1. Das Backrohr auf 180 °C vorheizen.

2. Den Rohrzucker und den Kakao mit dem Olivenöl vermischen. Die Eier und anschließend das Walnussmehl sowie das Backpulver hinzugeben.

3. Die dunkle Schokolade auf ein Schneidbrett legen und in unregelmäßige Stücke mit etwa 0,5 cm Breite hacken. Die so entstandenen Splitter zum Cookie-Teig geben und untermengen.

4. Ein Backblech mit Backpapier auslegen und 8 Teighäufchen darauf platzieren.

5. Die Cookies 15 Minuten lang im Backrohr backen.

Riegel

MIT CASHEW-KOKOS-CREME

Für die Komposition dieser Riegel aus Kokosmehl bleiben wir beim Thema Kokos: Wir verwenden dafür nicht nur Kokospaste (s. Beschreibung auf S. 64), sondern auch Kokosblütensirup!

ZUBEREITUNGSZEIT	BACKZEIT	WARTEZEIT
25 min	2 min	2 h + 15 min

ZUTATEN FÜR 10 RIEGEL ODER 20 HÄPPCHEN

80 g feines Kokosmehl

1 TL Zimt

20 g ungezuckerter Kakao

50 g Kokospaste

50 g Kokosblütensirup (oder Ahornsirup)

40 g Cashewkerne

FÜR DIE CASHEW-KOKOS-CREME

40 g Cashewmus

20 g Kokosblütensirup (oder Ahornsirup)

1 Prise Himalayasalz (optional)

ZUBEREITUNG

1. Das Kokosmehl, den Zimt und den Kakao in einer Schüssel vermischen.

2. Kokospaste in einem kleinen Topf auf sehr kleiner Flamme schmelzen lassen.

3. Die Cashewkerne in einen Multizerkleinerer geben und grob zerkleinern.

4. Die geschmolzene Kokospaste und den Kokosblütensirup in die Schüssel zur Mehlmischung dazugießen und alles gut durchmischen, bis die Masse eine teigige Konsistenz erreicht. Die zerkleinerten Cashewkerne dazugeben.

5. Eine rechteckige Backform mit Bio-Backpapier auslegen. Den Teig hineingeben und mit der Rückseite eines Löffels festdrücken. Wenn Sie einen Stampfer haben, können Sie auch diesen zum Zusammendrücken verwenden; er eignet sich gut dafür.

6. 2 Stunden lang ins Gefrierfach stellen, damit die Kokospaste die Masse fest werden lässt.

7. Für die Creme in einer Schüssel Cashewmus und Kokosblütensirup miteinander vermischen, bis die Mischung die Farbe von Butterkaramell und die Konsistenz von Pomade erreicht. Optional eine Prise Salz dazugeben.

8. Das Teigrechteck mit der Kokospaste aus dem Gefrierfach herausholen, die Creme darauf verstreichen und 15 Minuten lang zurück ins Gefrierfach geben.

9. Das mit der Creme bestrichene Teigrechteck auf einem Holzbrett platzieren und in 10 Riegel schneiden. Wenn Sie Häppchen machen möchten, schneiden Sie jeden Riegel in zwei Hälften.

10. Im Kühlschrank aufbewahren; wenn Sie die Riegel nicht innerhalb kurzer Zeit verbrauchen, dann sobald wie möglich zurück ins Gefrierfach geben.

Honigkugeln

MIT SCHOKOLADENGLASUR

Diese kleinen Kugeln, die Sie im Nu zubereitet haben, machen sich genauso gut als Energiebällchen wie als Leckerbissen zum Verkosten – fast wie Trüffel.

ZUBEREITUNGSZEIT	KOCHZEIT	RUHEZEIT
15 min	2 min	2 h

ZUTATEN FÜR 12 KUGELN

40 g Walnussmehl

40 g flüssiger Honig

40 g dunkle Schokolade mit 75 % Kakaoanteil

1 großzügiger EL Kakaopulver (optional)

ZUBEREITUNG

1. Walnussmehl und Honig in eine Schüssel geben. Vermischen, bis die Mischung eine crumbleartige Konsistenz hat. Einen großen Teelöffel Teig entnehmen und daraus zwischen den Handflächen eine Kugel rollen.

2. Die Teigkugeln auf einen Teller legen.

3. Die Schokolade in Stücke brechen und in einen kleinen Topf mit dickem Boden geben. Auf kleiner Flamme erwärmen. Den Topf, sobald er heiß ist, von der Flamme wegnehmen. Auf diese Art und Weise schmilzt die Schokolade langsam. Wenn Sie keinen Topf mit dickem Boden haben, lassen Sie die Schokolade im Wasserbad schmelzen.

4. Die Teigkugeln in die Schokolade tunken, um sie zu umhüllen, und anschließend zum Abkühlen vorsichtig auf einem Rost platzieren. Wenn Sie möchten, können Sie auch einen flachen Teller mit Kakao bestreuen, und die schokoladeumhüllten Kugeln dort ablegen. Damit verhindern Sie, dass die Kugeln am Teller festkleben.

5. Vor dem Verzehr mindestens 2 Std. im Kühlschrank ruhen lassen. Im Kühlschrank aufbewahren.

DANKSAGUNG

Während meiner kulinarischen Reise in die Welt dieser anderen Mehlsorten konnte ich auf den Verband *Ananada & Cie* zählen, auf dessen Erfahrungsschatz ich für die Recherchen zu Hanf- und Walnussmehl zurückgriff, sowie auf jenen des Verbandes *Terra Millet* in Bezug auf Sorghum-, Hirse- und Teffmehl.

Ich danke der Fotografin Joelle Kanaan dafür, dass sie auf ihren Fotografien die Texturen meiner Gerichte zur Geltung gebracht und sie so gekonnt inszeniert hat, dass von ihnen ein wahrlicher Zauber ausgeht.

Ich möchte mich auch bei meiner Verlegerin Céline Le Lamer und dem Team von *éditions La Plage* bedanken. Mit ihnen zu arbeiten ist stets eine Freude.

VALERIE CUPILLARD

ist Autorin mehrerer vegetarischer Kochbücher und einiger Bücher über gesunde Ernährung. Sie ist eine Verfechterin von vegetarischen, saisonalen und regionalen Zutaten aus dem ökologischen Landbau.

www.valeriecupillard.com